W0174194

Claus Eurich
Aufstand für das Leben

Verlag Via Nova

Claus Eurich

Aufstand für das Leben

Vision für eine
lebenswerte Erde

Verlag Via Nova

1. Auflage 2016

Verlag Via Nova, Alte Landstr. 12, DE-36100 Petersberg

Telefon: (06 61) 6 29 73

Fax: (06 61) 96 79 560

E-Mail: info@verlag-vianova.de

Internet: www.verlag-vianova.de

Umschlaggestaltung: Guter Punkt, München

Satz: Sebastian Carl, Amerang

Druck und Verarbeitung: Appel und Klinger, 96277 Schneckenlohe

ISBN 978-3-86616-378-2

Herbstlaub

Inhalt

Inhalt

Vorwort

Von Willigis Jäger
und Beatrice Grimm

Ein Menschenbeben wäre nötig, schreibt Claus Eurich am Anfang dieses Buches. Ein Menschenbeben ist nötig.

Wer sind wir, diese Spezies, die sich stolz „Homo sapiens"
nennt, aber - gemessen am Alter des Universums - erst seit
kurzer Zeit auf dem Staubkorn Erde im unfassbar großen Welt-
raum existiert? Ein Wellenschlag in einem Ozean, der keinen
Anfang und kein Ende kennt? Ein Wimpernschlag in einem
zeitlosen Geschehen? Sind wir Mitspieler oder nur Marionet-
ten eines zeit- und raumlosen Spielers?

Wer sind wir, die wir nicht aufhören, diesen Planeten aus-
zurauben, zu zerstören und uns gegenseitig umzubringen? Auf
diese Fragen findet der Intellekt keine zufriedenstellende Antwort.

Nur wenn es uns gelingt, aus unserem „Egotunnel" hinauszuschauen, können wir erahnen, dass unser wahres Wesen mit
Raum und Zeit nichts zu tun hat. In ihm offenbart sich ein nicht
fassbarer Urgrund, der immer wieder neu Gestalt annimmt und
sich auch in jeder/jedem Einzelnen von uns kreiert.

Es gibt immer mehr Armut, aber auch immer mehr Reiche,
die immer reicher werden, Ressourcenverknappung, das größ-

te Artensterben seit dem Aussterben der Dinosaurier, und nicht zuletzt den Klimawandel. Ob es möglich sein kann, eine Klimakatastrophe abzuwenden, ohne mit dem „Prinzip Wirtschaftswachstum" zu brechen, ist fraglich. Wenn die weltwirtschaftliche Entwicklung so fortschreitet wie bisher, wird sich das Weltbruttoinlandsprodukt bis 2050 verdrei- oder vervierfachen. Gleichzeitig müssten bis zu diesem Datum laut dem UNO-Klimarat die CO_2-Emissionen um 85% sinken, wenn die Klimaerwärmung auf 2 Grad Celsius begrenzt werden soll. Spätestens hier wird sichtbar, wie krank diese Ökonomie ist.

Für unser Überleben ist ein Wachstumsrückgang notwendig. Das heißt, wir brauchen einen massiven Wandel in unserem Lebensstil von der „Zuvielisation" hin zu einer neuen Zivilisation. Wirtschaftswachstum ist die folgenschwerste Sucht. Die Gier des „Ich brauche immer mehr" kann nur in den Abgrund führen. Und wir stehen schon am Abgrund. Mittlerweile sind die sozioökonomischen und ökologischen Katastrophen, die sich auf unserem Planeten ereignen, kaum mehr überschaubar. Und obschon es schon fast zu spät scheint, zeichnet sich das Desaster in seiner Fülle noch nicht so weit ab, dass es zu dem notwendenden Anstoß für einen evolutionären Quantensprung reichen könnte. Wenn uns jedoch der Quantensprung in einen kosmischen Bewusstseinsraum nicht gelingt, werden wir als menschliche Spezies nicht überleben. „Diese Welt wird den derzeitigen Krisenzustand nicht überwinden, wenn sie die Denkweise beibehält, die diese Situation hervorgebracht hat", sagte Albert Einstein – und Mahatma Gandhi forderte: „Sei Du selbst die Veränderung, die Du Dir wünschst für diese Welt."

Wir fühlen uns oft hilflos und ohnmächtig, wenn wir in die Welt schauen. Für unser Ich ist Ohnmacht schier unerträglich. Es gilt zunächst, das Unerträgliche, die Ohnmacht als Zustand, in dem es keine Konzepte mehr gibt, das Unannehmbarste anzunehmen, nicht fatalistisch, sondern wach und mit offenen Augen. Wenn wir die Ohnmacht annehmen, können wir in ihrer umfassenden Akzeptanz eine totale Präsenz erfahren, aus der wir dann ins Handeln finden.

Schlussendlich geht es immer nur um „Präsenz" in diesem Prozess in dieser schwierig-interessanten Zeit, in die wir hineingeboren sind.

Mitten im Lärm die Stille erfahren, im dunkelsten Dunkel das Licht. Das Unannehmbarste annehmen. Wir lernen radikale Akzeptanz, Akzeptanz der Situation, um aus dem Sein zu handeln. Es geht dabei jedoch nicht in erster Linie darum, die Welt zu verbessern, sondern darum, die dualistische Weltsicht zu verlassen. Erst dadurch entstehen eine neue Einstellung zur Welt - und damit auch Impulse für eine menschlichere Welt, in der wir verstehen, dass jeder einzelne Mensch vom heutigen Ungleichgewicht auf unserer Erde betroffen ist - und gleichsam zu einem neuen Gleichgewicht beitragen kann. Denn jeder Gedanke, jede Handlung wirken sich auf das Gesamtbewusstsein aus - und das wiederum formt die Welt mit.

Wir stehen an der Schwelle zu einem globalen Bewusstseinswandel, an dem jede und jeder von uns aktiv mitschöpferisch teilhaben kann. Wir sind Mitarbeiter/innen in einem ganzheitlichen Bewusstseinsprozess.

Die Zukunft ist gestaltbar.

„Wir können die erste Generation sein, die die weltweite Armut beendet – ebenso wie wir die Letzten sein könnten, die die Chance haben, den Planeten zu retten." Dieses Zitat stammt aus der neuen Agenda 2030 für nachhaltige Entwicklung, die am 25. September 2015 auf dem UN-Gipfel in New York verabschiedet wurde.

Bei der Generalversammlung der Vereinten Nationen im Oktober 2015 verpflichteten sich die Regierungschefs auf 17 neue Ziele, die unseren Planeten zu einem besseren Ort werden lassen sollen.

Ein Ziel ist die Abschaffung des weltweiten Hungers bis 2030. Ein Neuntel der Weltbevölkerung, also 795 Millionen Menschen, leidet heute an chronischer Unterernährung. Warum also erst bis 2030? Die weltweite Produktion an Nahrung reicht aus, um 12 Milliarden Menschen (ohne genmanipulierte Lebensmittel) zu versorgen. Die Kosten für die Beseitigung des Hungers betragen laut FAO (die Ernährungs- und Landwirtschaftsorganisation der Vereinten Nationen) 30 Milliarden Dollar jährlich. Die weltweiten Militärausgaben beliefen sich 2014 auf insgesamt 1,8 Billionen Dollar. Damit gibt die Welt heute binnen einer Woche mehr Geld für ihre Armeen aus, als es kosten würde, die Hungernden auf dieser Erde für ein ganzes Jahr satt zu machen. 30 Milliarden Dollar sind weniger als 0,04% des Weltsozial-produkts - ein winziger Bruchteil also am globalen Ertrag.

Die Ökonomie hat die Rechnung viel zu lange ohne den Menschen gemacht. Wir brauchen auf diesem Planeten einen epochalen Wandel. Das Prinzip der Profitorientierung führt nur weiter in den unerbittlichen Kampf um die letzten Ressourcen.

Was also ist zu tun?

Die Evolution hat die Spezies Mensch mit Erkenntnis- und Verhaltensmöglichkeiten ausgestattet, dank derer sie sich in der Biosphäre dieses Planeten einigermaßen zurechtfinden und behaupten kann. Evolution hat dabei viel mehr mit Kooperation zu tun als mit Konkurrenz und gnadenlosem Selektionsdruck. Wer kooperieren konnte, wer sich anpassen konnte, überlebte eher.

Das darwinistische „Survival of the fittest", das Überleben des Stärkeren, trifft nicht uneingeschränkt zu. Das Ökosystem eines Planeten aufzubauen und über Jahrtausende aufrechtzuerhalten ist nicht durch Konkurrenz, sondern durch Kooperation möglich geworden. Das Biotop hat mehr Überlebenschancen als der Einzelne.

Zum Überleben der Art genügte es zunächst, sich zu ernähren, sich zu lieben und zu spielen, sich zu fürchten und notfalls zu kämpfen oder davonzulaufen. Später entwickelte der Mensch Projektionen auf ein allmächtiges Schöpferwesen, um die eigene Existenz und die der Welt zu deuten. Mehr war für das Überleben nicht wichtig.

Angesichts der Sackgasse, in die die Menschheitsentwicklung geraten ist, können wir es uns als Menschen nicht mehr leisten, den spirituellen Raum einfach zu vernachlässigen. Ebenso wenig genügt und trägt es nicht mehr, die religiöse Weltdeutung der Vorfahren fraglos zu übernehmen.

Wir brauchen ein neues religiöses Selbstverständnis, eine neue Deutung von Jesus und Buddha und den anderen Großen der Menschheitsgeschichte. Seit Urzeiten gibt es weise Männer und Frauen, die unsere rationale Eingrenzung überschritten haben. Zen, die christliche Mystik, der Sufismus und der Yogaweg des Vedanta führen auf eine Ebene, die das Rationale und Personale übersteigt und aus der Egoeingrenzung herausführt. Diese Ebene ist die nächste Stufe der menschlichen Entwicklung. Nur im Übersteigen des Ich und der Rationalität ist unser zeitloses wahres Wesen erfahrbar.

Die Zukunft unserer Spezies hängt nicht von der weiteren Entfaltung unseres Verstandes ab, sondern von der Erweiterung unseres Horizontes unseres Mitgefühls, unseres Wohlwollens und dem, was alle Religionen Liebe nennen.

Nur wenn es uns gelingt, das Denken zu überschreiten und eine transpersonale, eine mystische Erfahrungsebene zu erleben, werden wir mehr vom Sinn der Existenz begreifen. Diese Erfahrungsebene eröffnet uns Wege zu Einheit, Verbundenheit und Liebe. Nur diese Ebene der Liebe garantiert die Zukunft unserer Spezies und der anderer Lebensformen auf diesem Planeten.

Wir brauchen ganz dringend Visionen für eine lebenswerte Erde.

Claus Eurich vermittelt uns in diesem wichtigen Buch auf eindringliche Weise, dass nur aus dem Fundament der Liebe eine Vision erwachsen kann, die diesen Namen auch verdient.

Erste Worte

Die Luft zum Atmen für Mensch und Tier ist dünner geworden auf unserem Planeten. Man muss keine düsteren Prophezeiungen kreieren, um auf die erschreckenden Folgen hinzuweisen. Eine nüchterne Beschreibung dessen, was ist, genügt. Und dazu ist eigentlich alles gesagt, in unterschiedlichsten Quellen und mit unterschiedlichster Dringlichkeit. Ein wahres Sichaufbäumen der Kultur, ein Menschenbeben, wäre nötig, um das sich abzeichnende Desaster unserer Gattung zu einem Anstoß für den anstehenden evolutionären Schub nutzen zu können. Doch von der dafür erforderlichen Lebenskraft und sie tragenden dynamischen Zukunftsbildern ist in den politischen und gesellschaftlichen Räumen nur wenig zu sehen und vor allem noch weniger zu spüren. Eine narzisstische Selbst- und Gegenwartsverliebtheit verbindet sich in fataler Weise mit Hinnahmebereitschaft, was die existierenden und aufgezwungenen Weltentwürfe betrifft. Sie blockieren die Begeisterung für ein Nachdenken, ein Philosophieren und ein Träumen über Zukünfte, die anziehen, uns verlocken und ermutigen, sie zu gestalten. Der Menschheit sind jene Visionen vom gelingenden Sein ausgegangen, über die man sagen könnte, dass es sich lohnt, *jetzt lohnt*, für sie zu leben und zu sterben. Wir haben verlernt, von der Zukunft her zu denken und zu empfinden und uns aus der Versklavung zu befreien, die in der Macht des Gegenwärtigen und des scheinbar Faktischen liegt – sei es auch noch so lebensfeindlich. Ja, uns sind selbst die Absicht und der Wille als gewaltige Macht im Prozess des Werdens und Vergehens abhandengekommen. Wo sollen sie auch herkommen, wenn ihr Nährboden ausgelaugt ist?

Zukunft als schon jetzt lebende geistige Gestalt, die nach Verwirklichung sucht, hat immer etwas mit Träumen und Visionen zu tun, also mit Vorstellungen über das Leben, wie die Menschen es sich erhoffen. Die Vision verleiht der Sehnsucht und der Suche Flügel. Und Zukunft hat mit Utopien zu tun, die Wege aufzeigen, in diese Richtung zu gehen; und sie will in Auseinandersetzungen führen, die diese Wege begehbar machen.

Dazu möchte dieser Text einen Beitrag leisten.

I
Die Chance
des Desaströsen

Wenn wir aus der Tiefe des Weltalls in unser Sonnensystem eintauchen und uns dann der Erde annähern, so ergibt sich das wunderbare Bild des blauen Planeten. Staunen, Ergriffenheit und Ehrfurcht regen sich. Viele Astronauten schildern die damit verbundenen Gefühlszustände in bewegenden Worten. Im Näherkommen wandelt sich das Bild. Zersiedlung, unendliche Menschenmassen, hell erleuchtete Mega-Cities, brennende Wälder, verschmutzte Meere und Gewässer rücken unübersehbar mit in das Blickfeld. Der Platz ist eng geworden für die schier unendliche Vielfalt des Lebens, das die Erde einst auszeichnete. Zahllose Arten verschwinden täglich unwiederbringlich, unzählige sind bereits ausgerottet. Ökologische Systeme haben ihr Gleichgewicht verloren, andere sind bereits gekippt. Der Planet steht unter Stress. Viele Prozesse erweisen sich als einerseits untrennbar miteinander verflochten und zugleich nicht mehr steuerbar. Auch haben wir uns mit Problemen konfrontiert, für die es keine Lösungen mehr gibt – zumindest nicht mit den bekannten Verfahren, nicht mit den vertrauten Routinen, nicht mit den vorherrschenden Denk- und Wahrnehmungsweisen. Die existierenden Widersprüche – politisch, ökonomisch, sozial, geistig/spirituell – in und zwischen den Völkern und Kulturen, reißen unüberwindbar scheinende Gräben. Das Bild von der einen Menschheitsfamilie taugt allenfalls noch als Zerrbild einer zutiefst zerstrittenen Patchworkfamilie. Die Titanic mit dem Namen „Homo Sapiens" steuert unbeirrt auf den Eisberg zu, während die Mannschaft auf der Brücke sich in selbstverliebten Diskussionen verliert – ein absurdes und jämmerliches Bild!

Über die nicht zuletzt evolutionären Gründe und Hintergründe habe ich an anderer Stelle einiges zusammengefasst (Vgl. Eurich 2015, S. 7–56). Dies soll deshalb hier nicht wiederholt werden. Festzuhalten bleibt, dass ein Fortschritt ohne Weisheit und Gesellschaftsvisionen ohne Liebe sich in destruktive Dystopien und in einen „Fortschritt" als Verbrechen am Netzwerk des Lebens verwandelt haben. Diesem ist nichts mehr heilig, und er muss entsprechend ins Nichts führen, in das Zugrundegehen an dem, was wir glaubten uns zu einem besseren Leben zu erschaffen. Aldous Huxley (1884-1963) sprach in seiner bitteren utopischen Novelle „Ape and Essence" bereits 1948 von einer verbrecherischen Dummheit unserer Gattung. Sie hinterlässt ein wahrhaft desaströses Erbe für die folgenden Generationen, das mit „geplünderte Ressourcen" noch sehr höflich umschrieben ist; denn mit diesen einher gehen auch geraubte Chancen. In der Folge stellt sich Welt als Unbehagen und Bedrohung dar. Das verbindet uns alle neu, genau wie die erst seit wenigen Generationen bestehende Suizidfähigkeit unserer Gattung. Und doch handelt es sich bei der menschlichen Art noch immer um jene besondere Spezies mit jenem einmaligen und außerordentlichen Entwicklungsprinzip der planetarischen Evolution, indem diese zum Bewusstsein ihrer selbst gelangt. Deshalb können ja auch wir unsere Selbstgefährdung erkennen und über sie reflektieren.

Der in manchen Ländern auf dieser Erde noch immer weitverbreitete Reichtum und ein damit verbundenes Sein in Überfluss und ohne materielle Sorge hält in einer Selbsttäuschung, die auf den alten Mythen der Moderne ruht, fest an Fortschritt, Wachstum, Wohlstand. Kommt es zu Störungen in diesem Dreiklang, verhilft Wachstum wieder auf die Spur, so der ungebrochene Glaube und die ritualisiert vorgetragenen Beschwörungsformeln der politischen und wirtschaftlichen Priesterkaste. Und noch immer verfangen diese Formeln, selbst bei jenen und in solchen Staaten, die die Folgen dieses Irrwitzes bereits am eigenen Leibe spüren – durch die Zerstörung der natürlichen Lebensbedingungen, die Vergiftung der Umwelt, die beginnenden Kriege um Rohstoffe und Lebensmittel, die dramatisch steigenden Migrationsströme. Sehen sich die alten Gewissheiten aber ernsthaft bedroht, helfen Feindbilder, die Lebensillusionen noch eine Weile über Wasser zu halten. Was für die einen „Der Westen", ist für die anderen „Der Islam", nie geht es um die eigenen Verstrickungen, immer um die Schuld des anderen. Die Angst vor dem Verlust der alten Sicherheiten, die schon lange keine mehr sind und auf Dauer gedacht auch nie welche waren, ist riesengroß und verbreitet sich epidemisch. Denn mit ihnen lösen sich die Vorstellungen von Bestand, von Verlässlichkeit und Planbarkeit auf. Noch viel schlimmer: Die Bequemlichkeit steht auf dem Spiel und die beklemmende Ahnung von einem Ende dessen, was sich zynischerweise „Wohlfahrtsstaat" nennt, und der damit verbundene Albtraum, dass Knappheit die Zukunft diktieren könnte.

Wenn sie auch immer wieder an- und ausgesprochen werden, so sind die Kampflinien für die Auseinandersetzung mit der Zukunft noch nicht wirklich und unmissverständlich klar. Ein getrübter Blick nimmt den wesentlichen und notwendigen

Entscheidungen die Schärfe der Konturen. Der blinde Fleck unserer Gattung verbirgt gar die entscheidende Selbstreflexion. Wir sprechen hier von *der* großen Menschheitsillusion, die den Namen Individualismus trägt und die sich auf allen Ebenen des menschlichen Seins, nicht nur der des Personenhaften, zeigt und fortwährend durchsetzt; sie prägt und versklavt auch soziale Systeme, Staaten und Kulturen in ihrem Selbstverständnis. Hartnäckig hält sich die Vorstellung eines eigenständigen und separaten Ichs, das immer zuerst der Befriedigung der eigenen Bedürfnisse verpflichtet ist. Die Bedürfnisdimensionen reichen dabei vom dekadenten und letztlich reaktionären Hedonismus großer Teile der „westlichen" Hemisphäre bis zum nackten Überlebenskampf in einer auf Ungerechtigkeit und Differenz hin programmierten Welt. Die unreflektierte und durchaus fröhliche Sattheit, die im Leben kein Risiko mehr sehen mag, sondern sich nach Sicherheit und Bequemlichkeit streckt, beruht auf einem Freiheits- und Toleranzverständnis, das fragmentiert und entsolidarisiert. Es bricht mit Verbindlichkeiten, die dem Leben dienen, und wittert überall da Bedrohung, wo das Wohl des Ganzen, das Wohl des Lebensraumes Erde beachtet werden möchte. Dieser blinde, ja verlogene Geist spaltet das Empfinden und das Mitgefühl, und er trennt ab vom Leben. Vor allem aber resultieren aus ihm letztlich nur politische und ökonomische Strategien und Interventionen, die sich der Rettung des Bestehenden und nicht dem Entwurf eines lebenswerten Zukünftigen verpflichtet sehen. Man kann dies exemplarisch an dem oberflächlichen Hinweis festmachen, dass hunderte von Milliarden zur Rettung von Banken fraglos zur Verfügung gestellt werden, während gleichzeitig ein großer Teil des Lebens auf dieser Erde, nicht nur des menschlichen, in Elend und existentieller Bedrohung versinkt.

Der evolutionäre Entwicklungsantrieb, der in unserer Gattung seit jeher in uneingelösten Sehnsuchtspotentialen und einer mehr oder weniger kontinuierlichen Unzufriedenheit ruht, hat sich durch Maßlosigkeit umgekehrt in Richtung Destruktion und Selbstzerstörung. Mittlerweile sind wir leichte Beute dieses Triebes, der sich in nahezu allen Lebensbereichen durchgesetzt hat – der Habgier. Sie ist Wesen und Charakter des Kapitalismus als unserer vorherrschenden Art zu wirtschaften, strukturell in ihn eingewoben, ja in seinem Selbstverständnis zu einer eigenen erstrebenswerten moralischen Kategorie geworden. System, Struktur und persönliche Lebenswelt greifen dabei nahtlos ineinander. Und sie haben einen starken Bündnispartner: das emotionale Gehirn. Es obsiegt nur zu oft gegenüber seinem kognitiven und rationalen Mitspieler und der sich daraus ergebenden Vernunft. Es will schnelle Befriedigung und die damit verbundenen Belohnungsstoffe, wie den Neurotransmitter Dopamin, der umgangssprachlich ja auch als Glückshormon bezeichnet wird. Das emotionale Gehirn befeuert unsere Kurzfristorientierung und lässt uns nach dem strecken, was Genuss in absehbarer Zeit verspricht – unter Missachtung der möglichen langfristigen Konsequenzen. Der begierige Griff nach der Zigarette in diesem Moment überdeckt das Wissen darum, dass sie das Leben, statistisch betrachtet, um 14 Minuten verkürzt. Einstellungen zu Geld, Konsum auf allen Ebenen und eine diese unterstützende Politik unterscheiden sich von diesem Verhaltensmuster letztlich nur peripher. Das Ich des Moments und der nahen Gegenwart stehen bei unseren alltäglichen Entscheidungen normalerweise über dem Wir des Zukünftigen. Das hat Folgen auch für alles, was die Bedürfnisse des Moment-Ichs bedroht. Das Bedrohende unterliegt der Stigmatisierung und der aktiven Bekämpfung immer dann, wenn Verdrängung und Wegsehen nicht mehr ausreichen. Und Lebensgewohnheiten und den Lebensstandard bedrohen kann vieles, einschließlich einer vorausschauenden Politik. Ein gewisses Vagabundieren, ja, eine gewisse Bewusstlosigkeit in der Orientierung und dem Tun des Menschen scheinen deshalb unvermeidbar. Sie werden zwar das Gefühl der Bedrohung vorantreiben, können durchaus aber auch als Vorboten eines neuen Anfangs, der aus Desorientierung erwächst, interpretiert werden. (Vgl. Jaspers 1979/1932, S.183) Will ich das Neue erahnen, vielleicht sogar identifizieren und erkennen, muss ich zunächst die vorherrschenden und auch die eigenen Gedankenmuster und die tief internalisierten Gesellschafts- und Kulturmodelle durchschauen und demaskieren. Es charakterisiert alle Kulturen, Gesellschaften und sozialen Systeme, die in ihrem Wesen unbeweglich geworden sind und stagnieren, dass sie so lange wie möglich den Status quo aufrechterhalten wollen. Dafür versuchen sie ihr Selbstverständnis durch konservative Mythen zu stabilisieren und achten strikt auf die Einhaltung entsprechender Normenrahmen. Wir hatten als solche moderne konservative Mythen ja Fortschritt, Wachstum und materiellen Wohlstand bereits angesprochen. Die Entlastung, die darin liegt, sich in ihnen geborgen und getragen zu fühlen und den Alltag entsprechend zu programmieren, verhindert als Gewohnheit eine spontane Weltzuwendung sowie eine undogmatische und damit komplexere Zukunftsschau. Eine umklammernde Enge des Bewusstseins ist gewachsen, die Möglichkeiten dadurch raubt, dass sie erst gar nicht gesehen werden können, ähnlich derjenigen der gefesselten Menschen, von denen Platon in seinem Höhlengleichnis spricht. Denn Gedankenmuster werden zu Wahrnehmungs- und zu Erfahrungsmustern, und diese bringen darauf bezogene emotionale Muster mit sich, die eine Nachfrage nach sich selber fordern. Wie eine Lokomotive im Schienennetz ziehen wir unsere Lebensbahnen und passen allenfalls gelegentlich den Fahrplan an sich verändernde Rahmenbedingungen an. Auch die Alltagssprache leistet ihren Beitrag zu Erstarrung und fehlender Flexibilität. Denn begriffliche Benennungen sind von ihrem Wesen her zugleich immer Trennungen, formulieren Differenz und grenzen von dem sogenannten Anderen ab. So steht Sprache einer sich immer wieder öffnenden Identitätsarbeit und existentiellen Neuinterpretation auf allen Ebenen oftmals stärker im Wege, als wir das glauben mögen.

Dass eigentlich alle Gesellschaften der Gegenwart – und vor allem ihre Repräsentanten - meinen, in ihrer Sicht der Dinge und in ihren Problemlösungsstrategien ohne Rückbezug auf die großen Denker der Vergangenheit und Gegenwart analysieren und agieren zu können, macht es nicht leichter. Philosophen, Liebhaber der Weisheit und Visionäre sind an den Verhandlungstischen der Machteliten nicht unbedingt willkommen. Und so werden Gegenwart und Zukunft nicht als große Menschheits-Entwürfe erträumt, erstrebt, entworfen und mit Pioniergeist und Leidenschaft angegangen, sondern sie werden schlicht und einfach *gemacht*. Über Generationen gewachsene Intransparenzstrukturen schließen dabei eine wirksame Kontrolle durch die Bürger aus, vor allem was das letztendlich zugleich Ineffiziente und Zerstörerische an dieser Politik betrifft. Politik und Mainstream-Medien bilden in dieser Schwundform des Potentiellen und dem Arrangement mit einer vollends entzauberten Welt eine stille Allianz. „Alternativlos" lautet der Kampfbegriff dieses Herumwurstelns, begleitet durch die Diskriminierung bzw. Verhöhnung ausgesprochener Alternativen. Die kulturelle Schwächung schreitet dadurch dramatisch fort, und zu ihr gehört die Abkehr der Menschen von der „klassischen" Politik und ihren Institutionen, ja, das Umschlagen von Vorbehalten in pure Verachtung. Diese gesellschaftliche Erosion zeigt sich neben der Enthaltung bei demokratischen Prozessen wie Wahlen vor allem in Endlosschleifen politischer und sozialer Ressentiments, die ihre eigenen Organisationsweisen, wie die fremdenfeindliche Pegida-Bewegung, hervorbringen. Wo sich das Gegenwärtige nicht verbindet mit der leuchtenden Vision vom Zukünftigen, fehlt ein anziehender Identifikationsraum und wird schließlich auch das Gefühl solidarischer Verbundenheit mit dem kulturellen Ganzen geschwächt. Spiegelbildlich dazu steigt die Faszinationskraft fundamentalistischer Ideologien vor allem dann, wenn sie mit Enthusiasmus, Kompromisslosigkeit und dem gewollten Tabubruch einhergehen.

Dieses Schauspiel der Gegenwart gilt es zunächst nüchtern zu betrachten, es als existent zu akzeptieren und vor allem auch unsere Rollen zu sehen und zu verstehen, die wir inmitten spielen. Es macht keinen Sinn, sich von einer Realität zu distanzieren, die unabänderlich da ist und deren Teil wir sind. Nur eine Realität, der wir uns trotz aller Grenzwertigkeit teilhaftig fühlen, lässt eine Durchblickssichtweise zu, nur sie können wir auch von innen heraus verändern. Von einem virtuellen äußeren Fluchtpunkt aus und in einer bewusstseinsmäßigen Abspaltung wird das nie gelingen. Erosionen verlaufen als Prozesse mit Gestaltungsoptionen. Zeitalter gehen nie bruchhaft zu Ende, auch wenn wir schon längst in der Beobachtung des Ablebens stehen. Doch auch diese Beobachtung und das darauf bezogene Bewusstsein sind Teil der gesamten Evolution des Menschen und spiegeln diese wider, und sie sind vor allem Teil dessen, was sie beobachten.

Diese Selbstverständlichkeit gilt es unablässig zu wiederholen, in ihr ruht der Schlüssel für alles. Für die existentielle Überlebensfrage, die sich uns heute als die Gattungsfrage schlechthin stellt, können wir uns nur durch das Bewusstsein der Teilhaftigkeit und der Verbundenheit wappnen, nicht aber durch Distanzierung. So lässt sich auch der Verführung durch jene Heilsversprechen vorbeugen, in denen die Vielfalt und Widersprüchlichkeit des Gegenwärtigen gefährlich simplifiziert wird. Das mögliche Neue zeigt seine Konturen im Erfahren und Aushalten des Gegenwärtigen und damit in dem Mut zum Sein. Von diesem Mut benötigt der Mensch in Zukunft eine Menge. Die Zerbrechlichkeit in dieser Erdzeitstunde, die unausweichlichen Katastrophen und die damit verbundenen Opfer werden vordergründig jede Gewissheit in Frage stellen und sind doch die notwendige Voraussetzung für ein schöpferisches Weiterbestehen oder besser: eine schöpferische Weiterentwicklung. Es sind immer die existentiellen Infragestellungen und die scheinbaren Absurditäten des Seins, die uns aus der Gewohnheits- und Bequemlichkeitsfalle reißen. Das Edelste im Menschen wird nicht befreit und gefördert im Zustand bedürfnisloser Gleichheit und Glückseligkeit. Verschwänden das Dunkle und Schmerzhafte aus der Welt, verlören wir uns. Paradiesisch entmündigt, nähmen wir kein Entwicklungspotential wahr, das zu füllen wir aufbrächen. In diesem Lebensparadox geht es letztendlich für Mensch und Menschheit um die Erfahrung des Selbstseins und des Selbstwerdens im Widerspruch, im Scheitern und im Hindurch. So verwandelt sich das Gebrochene in der Schöpfung und in der Kultur, mutiert das jederzeit mögliche und sich ereignende Ungerechte und Tragische zur Fruchtbarkeit bewältigter und überlebter Niederlagen (Vgl. Eurich 2010 sowie 2014/2006). Es kann somit die Einsicht in die Tatsache, dass diese Zeit in Falschheit lebt, und das Erspüren und Fühlbarmachen von genau diesem Zustand als ein hohes zukunftsweisendes Gut angesehen werden, selbst wenn wir uns noch zugestehen müssen, keine Wegweisung zu kennen, ja sogar endlich dazu zu stehen, dass es ersehnte umfassende Klarheiten nicht mehr gibt, wenn es sie denn jemals gab.

Das, was wir Zukunft nennen, liegt wie ein verschlossenes Buch vor uns. Die einzelnen Kapitel und Seiten werden geöffnet durch das, was wir jetzt in diesem Moment tun oder nicht tun, und auch in diesem Augenblick erst werden sie geschrieben. Nichts davon war jemals schon da, und noch immer ist vieles möglich, trotz der Vernichtungsfeldzüge unserer Gattung auf diesem Planeten. Denn das ist das Großartige am Menschen, dass er bei aller Ambivalenz, die den Namen Versuchung trägt, die *Möglichkeit* verkörpert! (Vgl. Tillich 1951, S.7 ff.)

Für Apokalyptik scheint die Stunde noch nicht da. Und so gesehen, liegt noch immer Mannigfaches vor uns, gehören Geschichte und täglicher Neubeginn untrennbar zusammen – vorausgesetzt, wir geben nicht der Versuchung nach, uns selber auszulöschen. Der Auftrag des Menschseins lautet aus dieser Perspektive, das in Würde in die Zukunft hinein zu befreien, was an edlen, dem Leben dienenden Möglichkeiten in uns ruht. Und diese Haltung spricht von unendlich mehr, als nur auf die Gegenwart zu reagieren. Sie spricht von bewusster Gestaltung und den damit verbundenen Entscheidungen. Es kann nicht länger um die kindliche Frage gehen, was wohl in der Zukunft auf uns wartet und worauf wir gefasst sein sollten. Wenn wir unsere Energien angesichts der aktuellen Befindlichkeit bündeln wollen, lautet die Schlüsselfrage, *wie* wir leben wollen, *was* wir als wünschbar und wertvoll und *was* als ungut ansehen.

Hier nun beginnt der Auftrag der Vision, der großen führenden Idee. Ohne sie bleiben wir als Personen, als Kulturen und als Gattung insgesamt der Gegenwart ausgeliefert und ersticken in einer ökonomischen Sachlichkeit, die ausnahmslos alles, den Menschen inbegriffen, als Sachen und als Dingliches behandelt. Vorhandene Optionen lassen sich ohne leuchtendes Leitbild nur schwer entdecken bzw. erkennen. Und ohne den Blick auf das, was möglich ist, werden keine Kräfte befreit, die in einen Entschluss und dessen Verwirklichung führen. Stattdessen entsteht im selben Atemzug Raum für anderes, das in die Entfaltung drängt, mag es auch ganz anderen Zielen folgen als denen von Leben, Liebe, Schönheit, Gerechtigkeit und Würde. Die Identifikation vieler, vor allem junger Menschen, mit dem lebensverachtenden Erfolg fundamentalistischer Gewalt und den dahinterstehenden kruden religiösen und politischen Vorstellungen kann genau vor diesem Hintergrund betrachtet und verstanden werden.

II
Der Geist von Vision und Utopie

Die Existenzfragen, vor denen wir stehen, lassen sich also durchaus als solche auf Leben und Tod betrachten. Sie sind durch den müden und uninspirierten Planungsvollzug technokratischer Macher nicht zu beantworten. Soll der auch in der gegenwärtigen Menschheitsfamilie ruhende Geist des Zukünftigen erweckt werden, bedarf es einer inspirierenden und orientierenden Kraft, die Möglichkeitsmodelle ins Spiel bringt und im Spiel hält. Solche Spielräume für Variationen eines an sich offenen Morgens werden bereits durch ihre bloße Existenz und den Diskurs darüber zum Teil des sich vollziehenden Geschehens. Sie sind und prägen Wirklichkeit. In ihnen formiert sich ein kulturelles Wollen und sucht nach Wegen der Verwirklichung. Utopien und Visionen stehen für die Formulierung von kulturellem Wollen und den darauf bezogenen Möglichkeitsmodellen und –räumen. Was unterscheidet sie und worin liegt ihre Wesensverwandtschaft?

Blick in den Möglichkeitsraum – Die Utopie

Utopien als Entwürfe von Künftigem haben überwiegend einen religiösen oder politischen Hintergrund bzw. Ursprung. Ihre Begründungen sind heilsgeschichtlich oder geschichtsdeterministisch bzw. eine Mischung aus beiden.

Das Wort Utopie geht auf Thomas Morus (1478–1535) zurück. Der Humanist, katholische Heilige und Schutzpatron der Staatenlenker und Politiker kreierte in einem 1516 erschienen Werk den im humanistischen Sinne idealen Staat auf der Insel Utopia („nova insula Utopia"). „Utopia" – das meint das ideale Sein an einem Ort, den es nicht gibt bzw. der nirgendwo ist (topos – Ort; u – steht für Verneinung). Eigentlich, so der niederländische Gelehrte, Herausgeber und Morus freundschaftlich verbundene Petrus Aegidius (1486–1533), müsse es statt Utopia „Eutopia" heißen, der richtige, der glückliche Ort, wie er 1517 in einem Epigramm schreibt.

Utopien formulieren Antworten auf unbefriedigende gesellschaftliche und politische Zustände. Raue Zeiten provozieren Neuentwürfe von Staat und Kultur, in denen indirekt immer auf die zugrundeliegenden Defizite rückgeschlossen werden kann. Vielleicht verkünden sie sogar mehr über die Schatten der erlebten Gegenwart als über die Potentialität des Zukünftigen. Die Utopie ist so ohne die Unzufriedenheit mit dem Gegebenen und dem daraus erwachsenden Unbehagen nicht zu verstehen. Und da wohl immer Unbehagen an der Existenzweise des Menschen und Menschlichen mitschwingt, gesteht das der Utopie gleichsam zu, ein Anrecht im Sein zu haben, ja vielleicht sogar ein

Teil des Fundaments zu sein. Sie bringt die Sehnsucht des Menschen nach Phantasie zum Durchbruch, schenkt Hoffnungen und Erwartungen ein eigenes Gedankenfeld. Und auch wenn in ihr immer so etwas steckt wie ein Kern der Realisierbarkeit, sagt sie nichts Konkretes über das aus, was einmal sein wird, sondern bewegt sie sich in dem Raum, der lediglich das beheimatet, was sein *könnte* und was unter bestimmten Bedingungen machbar *wäre*. Das Unerfüllbare schwingt so immer mit, genau wie der Respekt vor dem unbekannten Land. Beides hält in einem schwebenden Verhältnis zu Geschichte, Gegenwart und Zukunft. Aber auch das ausgesprochene Unbestimmte verändert bereits Gegenwart und gestaltet Zukunft dadurch mit, dass es Gestaltungsräume überhaupt erst im Bewusstsein öffnet und dadurch diskursfähig macht. Utopie also, das ist weit mehr als nur ein Traum!

Gegenwartskritik, Unrechts- und Unfreiheitsbewusstsein auf der einen, Hoffnungen, Erwartungen, aber auch die darauf bezogene Unbestimmtheit auf der anderen Seite – in dieser Gemengelage des Utopischen ruhen Ambivalenz und Missbrauchsgefahr. Die Geschichte der politischen/gesellschaftlichen Utopien weiß davon manches zu erzählen, vor allem, wenn Gesamt- und Weltentwürfe einhergingen mit Macht- und Herrschaftsphantasien ihrer Verfasser. Öffnete der Strom der Geschichte in diesen Fällen das Fenster der Machbarkeit, folgten nicht selten Tyrannei und autoritäre Regime. Die Blutlachen hinter Thomas Müntzer, hinter Robespierre, hinter Lenin, Stalin, Hitler, Mao und Pol Pot legen ein schreckliches Zeugnis ab. (Vgl. Winter 1993, S.14 ff.) Diese Exzesse konnten sich in der Historie der Menschheit vor allem auch dadurch wiederholt ereignen, weil eine offensichtliche Unfähigkeit unserer Gattung besteht, in Zeiten der Krise die Ambivalenz von

Heilsversprechen und auch ihre doch immer mitzudenkende Uneinlösbarkeit nüchtern zu analysieren und in Beziehung zur totalitären Anfälligkeit ganzer Generationen zu setzen. Es tritt unter dem Gesichtspunkt des Zweideutigen der Utopie schließlich noch ihre Instrumentalisierbarkeit hinzu, die sich immer dann zeigt, wenn verantwortungslose Politik mit der Reinheit utopischer Proklamationen verknüpft und gerechtfertigt wird und politische Hasardeure bzw. Verbrecher sich durch diesen Winkelzug selbst zu erhöhen trachten.

Soll die Utopie zur fruchtbaren Intervention in gesellschaftliche und kulturelle Unzulänglichkeiten werden, muss sie bereits in ihrer Formulierung der Gefahr entgegenwirken, in totalitärem Sinne bzw. als grundlegende Kehrtwende fehlinterpretiert zu werden. Aus dem idealen Wunsch und der faktischen Möglichkeit, einen harmonischen und berührenden Klang zu generieren – das ist ihre Aufgabe. Und das ist die hohe Kunst! Grenzen des Menschseins werden auf dem gegenwärtigen evolutionären und kulturellen Niveau auch durch die Utopie nicht verschwinden. Die bestehenden aber lassen sich möglicherweise verschieben. Und innerhalb ihrer Markierungen können bislang unentdeckte Möglichkeiten erkannt werden.

Der Geist der Utopie schärft den Sinn für das Wünsch- und Machbare. Er holt das Ideal in die Lebenspraxis und bereitet den Boden für neue Ordnungsentwürfe und Strukturierungen. Der Pfeil der Utopie fliegt nach vorne. Er ist nicht aus dem Köcher regressiver Vergangenheitsverklärung und einem infantilen Geborgenheitsbedürfnis gezogen, sondern dem, der von dem Entwicklungs- und Reifegrad unserer Gattung kündet. Dieser Reifegrad steigt unter anderem mit der Gewissheit existentieller Unsicherheit auf der einen und der Gewissheit des Vermögens, jederzeit in neue Tiefen eintauchen zu können, auf der anderen Seite. Der utopische Geist ist in einem Folgegedanken also immer an die Notwendigkeit und die Fähigkeit gebunden, das Gegebene bzw. gegeben Scheinende neu zu interpretieren, um so die auf Beharrung drängenden Mächte des Gegenwärtigen zu schwächen. Behalten diese ihre Kraft, ihre Vormachtstellung und vor allem ihre Deutungshoheit, die ihnen in der Geschichte zugewachsen sind, können sie nicht überwunden werden. In Koalition mit der menschlichen Trägheit sind sie dann unangreifbar und werden nie andere als traditionelle Antworten auf die Fragen aus der Zukunft geben können und vor allem wollen.

Die Überlebenskrise, in der Mensch und Mitwelt sich in der Gegenwart bewegen, fordern ein neues Utopieverständnis, das sich von den alten gescheiterten Rezepten emanzipiert. Das schließt die Überwindung eines Fortschrittsbegriffs ein, der sich einerseits selber nicht mehr verstehen und begründen kann und gleichzeitig unfähig ist, sich aufzugeben bzw. radikal neu zu denken.

Utopische Entwürfe, die auf starren Ordnungsbildern und Organisationsweisen von Kultur beruhen, werden ihrem eigenen Selbstverständnis und vor allem den aktuellen Anforderungen nicht mehr gerecht. Utopie heute meint infinite Dynamisierung und Prozessoffenheit um einer Logik der Liebe, des Lebens und des Überlebens willen. In diesem Bewusstsein und dieser Haltung fungiert sie zugleich als Gericht über die alten Trägheits- und Beharrungskräfte und die mit ihnen einhergehenden Götzendienste. Wir können nicht mehr anknüpfen an die politischen Utopien der Neuzeit, der Moderne und der sogenannten Postmoderne. Denken, Empfinden und Orientieren machen nur noch Sinn in einem integralen Darüber-hinaus. Dieses hält sich seine Offenheit, Frische und Jugendlichkeit in einem fortwährenden Erspüren, Entwickeln und Erforschen von Möglichkeiten, somit in einem gewaltigen geistigen Experiment. Bei allem offensichtlichen Handlungsdruck wird die große Herausforderung darin bestehen, diesem gerecht zu werden in einem Experimentierraum, der statt Rigorismus ein neues, heilendes Verständnis von Freiheit ausstrahlt.

Leitstern und Charisma des Verborgenen – Die Vision

Im alltäglichen Gebrauch unserer Industriezivilisation hat „Vision" das Niveau eines Plastikwortes erreicht. Es wird viel und für alles Mögliche benutzt, ist gerade in Wirtschaftskreisen schick und letztlich doch inhaltsleer. Es lohnt sich deshalb, etwas genauer hinzuschauen.

Vision – das meint zunächst ein ins Innere gerichtetes „Sehen" oder besser, eine visuelle Wahrnehmung innerer Vorgänge. (Vgl. Herbrik 2001, S.16 ff.) Wir begegnen hier einem äußerst unscharfen Begriff, hinter dem sich die sonderbarsten Bedeutungen verbergen können. Was alle eint oder doch zumindest in eine gewisse Nähe zueinander rückt, ist die Bezugnahme auf Erfahrungen und Vorstellungen, die das alltagsbezogene und alltägliche Denken überwinden und auch mit außersinnlichen bzw. übernatürlichen Wahrnehmungen verbunden sein können. Die Vision ist nicht geplant oder bewusst herbeigeführt, sie geschieht, ereignet sich, widerfährt, ergreift. Sie öffnet und führt in einen eigenen Bewusstseins-, Wahrnehmungs- und Erlebnisraum. Zudem ist sie in dem bisherigen Sprachgebrauch normalerweise an eine Person oder Personengruppe gebunden, auf die entsprechende Erfahrungen und Bilder zurückgeführt werden können.

Visionärem Denken begegnen wir in allen Kulturen und Religionen (Vgl. Claeys 2011), und der Großteil der Offenbarungsschriften ist von entsprechendem Gehalt. Exemplarisch sei auf die Offenbarung des Johannes am Ende des Neuen Testaments verwiesen. So sind Visionen und die sich auf sie gründenden prophetischen Berufungen untrennbar mit der biblischen Literatur und dem Anspruch einer gottgegebenen Mitteilung verbunden. Das gibt ihnen zugleich eine letzte Unangreifbarkeit und entzieht sie diskursiver Zugänglichkeit. Besonders die mystischen Traditionen der Weltreligionen leben von der visionären Verkündigung, wenn wir beispielsweise im christlichen Kontext an Hildegard von Bingen (1098–1179) oder Heinrich Seuse (1295–1366) denken. Die religiös belegte Vision geschieht zwar durch den Menschen als Medium und richtet sich auf den Menschen als Geschöpf im Zusammenhang mit anderem Geschöpflichem, aber ihre Verwirklichung liegt in einem weiteren Horizont als dem menschlicher Planung und Verfügung. Er bewegt sich zwischen Heilsgeschichte und Zeitlosigkeit. An diesem Punkt hatte und hat ja auch Kirche selbst als Institution *in* der Zeit ihre großen Probleme mit dem Visionären. Denn neue Offenbarungen bergen möglicherweise Bedrohungen für alte Codizes und Dogmen, aus denen sie ihr Selbstverständnis und ihre Stabilität zieht.

Ähnlich dem Utopischen bilden Krisen und unsichere Zeiten einen reichen Nährboden, nicht nur für religiöse Visionen, sondern auch ihre weltlichen und in der Verfügungsmacht des Menschen liegenden Pendants. Jedoch sind nichtreligiöse visionäre Zukunftsorientierungen von einer wesentlich grundlegenderen

Natur und Weltsicht als Utopien. Ihr Übergang in realisierbare Wirklichkeitsmodelle scheint in größerer, ja oft unerreichbarer Ferne zu liegen, was durch eine nicht selten schwärmerische Sprache noch unterstützt wird. Zudem sorgt das visionäre Denken sich nicht immer um direkte Anschlussfähigkeit zum Gegenwärtigen. Das bringt Verständnisschwierigkeiten und Missverständnisse mit sich und schafft Angreifbarkeit, bis hin zu schroffer Ablehnung und Stigmatisierung. Das Visionäre insgesamt wurde und wird so immer wieder in die Nähe der Sinnestäuschung, der Halluzination und damit einer psychopathologischen Deutung gerückt. (Vgl. Benz 1969, S.9) Die infantile und so oft zitierte Äußerung des früheren Bundeskanzlers Helmut Schmidt, dass, wer Visionen habe, zum Arzt gehen solle, mag ein aktuelles Beispiel dafür sein.

Im Folgenden soll hier die weltliche, die auf gesellschaftliche und kulturelle Veränderung hin zielende Vision im Fokus stehen, auch wenn diese durchaus mit religiöser oder spiritueller Begründung einhergehen kann. Sei sie auch noch so elementar und auf Langfristigkeit hin orientiert, so lebt und überzeugt sie von der grundsätzlichen Erwartung ihrer Chance auf Verwirklichung her. Das heißt, in ihr setzt sich auch keine apokalyptische Unheilsprophetie, die zu Metanoia, zur radikalen Umkehr aufruft, fort. Ansteckung für den lustvollen Aufbruch in eine lebenswerte und dem Leben dienende Zukunft charakterisiert ihr Wesen. So stiftet sie Sinn. Sie begeistert, ermutigt, hält auf dem Weg und nährt. Verwirklichung geschieht durch den Aufbruch als Prozess und die damit verbundenen Gegenwartsveränderungen. Negative Visionen schwächen demgegenüber Lebensenergie, kraftvolle Phantasie und den fortwährenden inneren Appell an die Potentiale, die zur Gestaltung von Zukunft in mir liegen.

Die Vision baut Spannung auf, nämlich die zwischen „schon jetzt" und „noch nicht". Und diese Spannung zieht und hält wach, vor allem, weil sie mir die Differenz verdeutlicht, die zwischen der Idee und ihrer Verwirklichung liegt. Erst wenn ich der Täuschung erliege, die Vision eins zu eins in Lebenspraxis umsetzen zu können, wird sie zur Illusion und damit unter Handlungsgesichtspunkten kontraproduktiv. Dann auch entfaltet sie ihre destruktive Wirkung, die aus der Enttäuschung über das Nichterreichbare resultiert und die sich in einer Bandbreite zwischen Ohnmachtserfahrung, Frustrationsgefühlen, Zynismus und Terror bewegen kann.

Sei die uns umgebende Realität auch noch so unerträglich und lebensfeindlich, nie darf sie eine Macht entfalten, in der Vision zu einem realitätsfernen Fluchtvehikel in die eine oder andere Richtung missbraucht wird. Die Herausforderung menschlicher Existenz liegt immer inmitten des Lebens. Von dort beginnt der Weg in das Darüber-hinaus mit der Vision als Leitstern. Es ist in diesem Sinne also durchaus angebracht, ja notwendig, das visionäre Denken, das sich im geistigen Bild für die Zukunft zu erkennen gibt, mit dem Auge der Nüchternheit zu betrachten und in der Unterscheidung der Geister nicht nachzulassen. Dies soll gerade unter dem Vorzeichen betont werden, dass der Lockruf, ja der Eros der Vision aus dem Verborgenen kommt, versehen mit dem Charme und der Verführungskraft des noch Verhüllten.

Utopie und Vision gehören derselben Lebenswirklichkeit an, nämlich der, die als Möglichkeitsraum vor uns liegt. Auch eine Möglichkeit ist Wirklichkeit, wenn sie reflektiert in unseren Gedankenwelten lebt und schon allein dadurch in das Sein interveniert. Trotz ihrer Wesensähnlichkeit macht jedoch die Unterscheidung beider weiterhin Sinn. Vision ist der übergeordnete Begriff. Er ist fundamentaler, weitreichender und ganzheitlicher. Die Utopie geht aus der Vision hervor. In ihr entwickelt und formt sich Wirklichkeitsgemäßes auf ein konkret formuliertes Ideal und damit Ziel hin, und sie beschreibt den gangbaren Weg. Zerschellt die Utopie an den Bedingungen des Gegenwärtigen, sind Korrekturen, Veränderungen, ja Neuentwürfe nötig. Die Vision an sich wird davon allerdings nicht berührt, geschweige denn in Frage gestellt.

Den Kairos annehmen und füllen

Das Richtungselement, das in der menschlichen Evolution ruht, will immer wieder neu entdeckt und gesehen werden. Es bildet das Zugseil des Visionären. Das jeweils letzte Zeitalter und die gegenwärtig gegebene Zeit fungieren als Fundament für den fortwährenden Aufbruch über sich selbst hinaus. Doch ein Richtungselement wohin? Zu unserem tiefsten, so oft verschütteten und verdinglichten Wesen, das schon immer in uns ruhte und Schale um Schale, Nebel um Nebel, Verstrickung um Verstrickung weiter befreit werden will! Es ist das im Letzten grenzenlose Wesen, das unzerstörbar fortbesteht, allen Irrungen und aller Rückwärtsgewandtheit, auch aller Konditionierung und Maschinisierung zum Trotz. Dieser dem Menschen innewohnende Adel hält uns in Bewegung als die Unruhe des Unvollendeten. Sie erzählt uns heute davon, dass es nach den Erfahrungen der zurückliegenden Zeitalter nicht mehr reicht, ein bisschen weniger schlecht zu sein und ein bisschen mehr Trägheit zu opfern. Immer wieder gab es in der Geschichte Kristallisationen dieser Unruhe und der daraus emporsteigenden Neugestalt. Denken wir etwa an die Erhebung des mittelalterlichen Menschen zum kosmischen Licht, wie sie in Entwurf und Bau der großen Kathedralen während der Zeit, die Hochgotik genannt wird, ihren Ausdruck fand. (Vgl. Topitsch 1988, S.107 ff.) Die Architektur wurde hier zum äußeren Bild des wesenhaft Möglichen und durch die sinnliche Bindung, den Genuss der Augen, zur Erinnerung daran. Wer einmal in der Kathedrale von Chartres (erbaut 1194–1260) als der Wohnung des Lichtes stand, vermag dies nachzuvollziehen. Visionäre Ausstrahlung wird hier im wörtlichen Sinne sichtbar.

Das Bild von der Kathedrale lehrt uns aber noch ein weiteres: Visionen können entworfen und gebaut werden. In ihnen konstruieren und verwalten wir das Erbe, das im Zukünftigen seine Heimat hat. Das noch nicht Verwirklichte und bislang nicht offen Zugängliche wird sicht- und begreifbar. Es entsteht ein alles durchdringender und alles umfassender innerer Erfahrungsraum. Wir nehmen die Selbstverständlichkeit endlich konstruktiv an, dass hinter jeder Zukunft der Mensch steht. Und so will die Vision nach guten und lebensdienlichen Wünschen gestaltet und nicht lediglich bewältigt sein, sich nicht im bloßen Reflex auf die Unzulänglichkeiten des Gewordenen und Gegebenen erschöpfen. Denn dieses, dieser bloße Reflex, der das vorherrschende politische Handeln der Gegenwart auszeichnet, setzt keine wahre Lebensenergie frei. Vor allem stillt er nicht die Sehnsucht, die sich in der fortwährenden Suche nach einer besseren Welt zu erkennen gibt.

Die Vision selbst schon leistet ihren Beitrag zur Heilung der Welt. Ist sie, einmal ausgesprochen, zunächst nur ein Symbol für den Möglichkeitsraum des Zukünftigen, so richtet sie im Folgeschritt gedankliche und seelische Energien aus und schafft so bereits Zukunft. Anders als jede Apokalyptik stiftet sie damit in grundlegender Weise Sinn und baut diesbezügliches Vertrauen auf.

Bedurfte es im gattungsgeschichtlichen Sinne jemals einer großen Vision, so scheint die Gegenwart reif dafür. Unser Menschsein fordert eine grundlegend neue Ordnung. Und diese zu sehen, zu verstehen und vor allem ernst zu nehmen in ihrem Drang zur Verwirklichung, setzt ein besonderes Verhältnis zur Wahrnehmung und Gestaltung von Zeit voraus, das wir Kairos nennen. (Vgl. Eurich 2015, S.140–153)

Beherrscht werden wir von Chronos, der vergehenden und immer zu einem Ende hin eilenden Zeit. Sie ist berechenbar, gibt unserem Sein Orientierungshilfen. Von den Beobachtungen natürlicher Abläufe her kommend, wie dem Lauf der Gestirne und dem Wechsel der Jahreszeiten, ist sie als Uhrzeit allerdings zum unerbittlichen Lebensgestalter des modernen Menschen geworden. Sie stellt alles unter die Todesverfallenheit. Chronos respektiert kein Besonderes, nur den unermüdlich voraneilenden Zeiger der Uhr. Synchron zu seiner Vorwärtsbewegung schließt sich das Fenster dessen, was möglich ist. Das Noch-nicht wird so zur reinen Illusion. Die zeitbedingte Endlichkeit des Gegenwärtigen lässt im Chronos-Bewusstsein verbleiben, immer in unvollkommener Verwirklichung und im desillusionierenden Erkennen der Differenz von Potentialität und Aktualität. Allenfalls die flüchtige Augenblicksgewissheit einer Vollendung verbleibt: der Klang einer Musik, die Augen eines Kindes, der Untergang der Sonne, Momente der Liebe…

Die Vision richtet, vom Jetzt und seinen immer vorhandenen Möglichkeiten her kommend, die Wahrnehmung auf das, was werden will. Und sie ermutigt, die Chance zur Verwirklichung in genau diesem Moment zu sehen, denn handeln können wir immer nur im Jetzt. Das meint Kairos-Bewusstsein. Der Kairos holt die Chance als verwirklichbar in die Existenz. Er stößt an, zur rechten Zeit zu handeln, und ermahnt zur inneren Wachheit und Achtsamkeit. Denn jeder Mensch ist einmalig und versehen mit der Verantwortung, dass das, was er nicht tut, in dieser Weise sonst niemand tut.

Der Kairos betont das schlechthin Bedeutungsvolle eines jeden Augenblicks. Er weist uns aber auch darauf hin, dass das rechte Handeln zur rechten Zeit aus der Reife geschieht. Wachsend bereitet sich vor, was später seinen momenthaften Durchbruch erzielt. Zur Bedeutung und zum Erkennen der kairoshaltigen Momente gehört somit, die oft kleinen und zahlreichen Schritte wahrzunehmen, die sein Kommen erst ermöglichen. Das vom Kairos-Bewusstsein bestimmte Handeln erfährt Führung aus einer Welt, die kommt. Dies ereignet sich zwar in der Gegenwart, aber es ist nicht bloß für sie bestimmt. Insofern gilt hier beides: dass der Weg das Ziel sei, aber das Ziel eben auch selber!

Vision und Kairos sind zwei Seiten einer Medaille. Visionäre Wandlungskraft setzt kairoshaltige Luft voraus und vor allem deren Wahrnehmung. Fällt beides zusammen und verbindet sich im Sprung in das Ungewisse, mag dieses Geschehen den Übergang in ein neues Erdzeitalter eröffnen, in ein Leben, das sich als fortwährender Entwicklungs- und Vollendungsversuch begreift im Rahmen der uns gegebenen Freiheit. Hier will das noch nie Dagewesene gesehen und gefördert werden. Der Möglichkeitssinn will sich im Nachdenken über das ganz Andere schulen. Es wird keine Alternative dazu geben, radikal über das Bestehende hinauszugehen und die alten Dualismen zu überwinden. Das bisher gleichsam als naturhaft und als gesellschaftlich alternativlos bedingt Angesehene in unserem Verhalten will durchbrochen und nicht länger vorsichtig in kleinen Schritten umkreist werden. Das jedoch setzt eine Weltsicht, eine Erkenntnis und eine Vernunft voraus, die weit hinausreichen über jenes rationale Bewusstsein, das im Geist des Abendlands noch immer dominiert. Es wird keinen visionär geleiteten Entwicklungssprung unserer Gattung geben ohne eine dramatische Transformation des Bewusstseins. Was meint das?

Transformation des Bewusstseins

Die Heilung der Kultur beginnt auf dem Boden der Ganzheit. Heil werden meint ganz werden, durch und in einer ganzheitlichen und integralen Wahrnehmung und einem entsprechenden Blick. Geist, Leib, Psyche, Seele, Bios, Kosmos und das Transzendente bilden das Integral, das auch in Erkenntnis seinen Ausdruck sucht. Dafür müssen die Schleusen der Wahrnehmung gereinigt sein und die Wahrnehmungssinne sich nicht nur in ihrer Verfeinerung und Durchlässigkeit üben, sondern auch in der Bereitschaft und Fähigkeit zu einem dynamischen Wechsel der Perspektiven. Bislang haben wir Welt überwiegend in ihren äußeren Erscheinungen wahrgenommen. Der Weg führt nun auch verstärkt zum Innen und den Innenseiten, dem Wesen. Dieses jedoch gilt es zunächst in unserem eigenen Inneren zu erkunden und zu verstehen. Sehen wir das eigene Innere auch als einen Spiegel des Kosmos, so gewährt sich ein erstes Verstehen des Ganzen über tiefe Selbstwahrnehmung und Selbstverstehen. Nur auf diesem Fundament kann eine

Vision erwachsen, die diesen Namen verdient und zu deren Verwirklichung hin sich der ganze Mensch streckt. Sicher steht auch weiterhin das Denken im Vordergrund, doch es erhält seine Nahrung neben dem bewusst gelenkten Erkennen vor allem auch durch Fühlen, sinnliche Erfahrung, Wollen, Wünschen, Sehnen, Fürchten, Ahnen Träumen und Glauben. Die Empfindungskräfte wie Liebe, Trauer, Leid, Hoffnung, Verzweiflung und Freude, die sich in Lebenswissen und Lebensweisheit zusammenfinden, werden zu eigenen Erkenntniskräften und zu einem mahnenden Gegenüber der kalten Rationalität. Wir sprechen hier von einer Erkenntnis, die sich aus dem bewusst empfundenen Vollzug des Lebens speist. So fallen auch die Mauern der Dualität, öffnet sich dahinter das Land für Erkenntnis und Erfahrung von Einssein und Verbundensein.

Das integrale Erkenntnisverständnis schenkt dem Menschen ein Höchstmaß an Freiheit, bei zugleich mehr Vertrautheit und damit Lebensnähe hinsichtlich dessen, worauf er blickt und was er zu verstehen trachtet. Spezifische Erkenntnisschulen und methodische Wege absolut zu setzen, findet darin genauso ihr Ende wie monopolisierte Weltanschauungsmuster. Dieses schließt die Respektierung der Tatsache ein, dass einzelne Menschen und auch ganze Kulturen sich auf unterschiedlichsten Niveaus von Wissen und Erkenntnis befinden. Doch jeder Bewusstseinsschritt des Einzelnen kann dabei ein Impuls für andere Menschen sein, das eigene Bewusstsein und das der gesamten planetarischen Gemeinschaft voranzutreiben, sich gemeinsam auf eine höhere Stufe zu bewegen.

Konkret ruht ein integrales Bewusstsein auf fünf Säulen der Erkenntnis. Diese sollen hier noch einmal kurz zusammengefasst werden: (Vgl. ausführlich Eurich 2015, S.175-201)

*Analyse, logisches Schließen und wissenschaftlich
begründete Erkenntniszugänge*

Die Folgen dieses Blicks auf das Sein und des dahinterstehenden Weltbildes sind hinlänglich bekannt und liegen offensichtlich vor uns. Es ist der nüchterne, verwissenschaftlichte Blick, der nur das als gegeben und wirklich respektiert, was mit den jeweils vorherrschenden Verfahren erkenn- und analysierbar ist. Da jedoch auch diese Verfahren sich in einer kontinuierlichen Entwicklung befinden, steht auch dieser Geist in einem steten, wenn auch zögerlichen Wandel.

Sinnliche Erfahrung

Gefühl und Empfindungsvermögen gehen jedem Akt vernunftgesteuerter Betrachtung und Analyse voraus. Wir können nicht anders sein als im Gefühl zu sein, mögen wir das auch noch so gerne leugnen, um eine nüchterne Rationalität zu reklamieren. Es ist nun von herausragender Bedeutung, Gefühl und Empfindungsvermögen nicht nur als innere Wahrnehmungen zu sehen und anzunehmen, sondern als eine ganz eigene Erkenntnisweise. Sie lassen mich Seiten der Wirklichkeit sehen, die vor dem Auge der rationalen Vernunft verborgen bleiben bzw. bewusst verdrängt werden. Gefühle verändern Wahrnehmung und wirken wie ein Filter für äußere und innere Vorgänge. Jedes Gefühl verändert die ganz persönliche Bewusstseinskultur und den entsprechenden Einfluss auf die Mitwelt.

Intuition

Sie will immer wieder neu entdeckt und vor allem geschult werden. Nach dem französischen Schriftsteller und Philosophen Henri Bergson kann Intuition verstanden werden als Schau des Geistes durch den Geist, die immer wieder auch die Schranken des Unterbewussten überwindet. (Vgl. Bergson 1948, S.44). In ihr entsteht in einem hochkomplexen Akt der Koordination bewusster und unbewusster Erkenntniselemente ein neues Ganzes, eine neue Wissensgestalt. Sie fällt uns zu, oder besser, wird uns geschenkt. Das Reich der Intuition liegt im einzelnen Menschen selbst, auch wenn der Akt der Intuition vor transpersonalen und transzendenten Territorien nicht Halt macht. Hier wird deutlich, welche außerordentliche Bedeutung der Intuition für das Entstehen und Wachsen von Visionen zufällt! Eine entsprechend offene und das Intuieren stützende innere Haltung des Menschen kann gefördert werden, wenn wir das Korsett der Gewohnheiten, der standardisierten Gedankenabläufe, der Verengungen von Problemsicht und Handlungsoptionen ablegen. Denn es sind die ausgetretenen inneren Wege und gedanklichen Verhaftungen genau wie die unhinterfragten und festgefahrenen äußeren Gewohnheiten, die Überraschungen und neuen Orientierungen entgegenstehen. Vision und Intuition sind wesenseins im Erfassen einer neuen Wirklichkeit. Beide konfrontieren mit einer Defiziterfahrung von Sein und Welt und dem darüber hinausgehenden Möglichen. Sie zeigen, was für ein gelingendes Leben fehlt. Unmittelbar steht dann dieser Lebenstraum vor dem inneren Auge, als wäre eine Tür aufgestoßen, die den Blick freigibt in einen zwar schon immer vorhandenen, aber erst jetzt entdeckten Raum. Alte Erfahrungen sowie Denk- und Verhaltensmuster fügen sich mit bislang unbekannten Impressionen zu einem neuen Ganzen zusammen.

Weisheit

Weisheit stellt zunächst weniger eine Erkenntnisweise dar als vielmehr das Substrat umfassender Erkenntnis selbst. Es sind das Auge der Weisheit und der Blick auf das Sein im Rahmen und im Kontext der Weisheitslehren, die einen ganz eigenen Wirklichkeitszugang eröffnen, der für visionäre Orientierung unverzichtbar ist. Jahrhundertelang waren die rationalen Geistes- und Handlungssysteme in Wissenschaft, Politik und Ökonomie nahezu schamhaft bemüht, die Weisheitslehren zu ignorieren, zumindest, wenn es um ihr eigenes Selbstverständnis und ihren Erkenntnisanspruch ging. Sie verriegelten damit den Zugang zu letzten Einsichten in eine Wirklichkeit, die immer mehr ist als das, was die empirischen, rationalen, ergebnis- und effizienzorientierten Augen zu sehen vermögen.

Mit der Grundlegung und Autorität zum Teil jahrtausendealter Überlieferungen richtet die Weisheit einen gelassenen und souveränen Blick auf das Sein, das Werden und Vergehen. Die Vernunft der Weisheit gründet auf menschlichen Erfahrungen, gesammeltem Wissen, intuitiv erworbenen Einsichten und Offenbarung. Der Bogen, den sie schlägt, umfasst somit Immanenz und Transzendenz, Erde und Himmel, Zeit und Ewigkeit.

Getragen wird dieser gewaltige Bogen von dem Fundament der Tugenden, die bei aller sprachlichen und kulturellen Unterschiedlichkeit, in der sie Ausdruck finden, doch in *einem* authentischen Wesenskern ruhen. Aus ihm erwuchsen die ethischen und spirituellen Traditionen der Menschheit, wie sie in den Weltreligionen und ihren heiligen Schriften bekundet werden. Exemplarisch zu nennen wären hier:

Die Weisheitsschriften der Bibel (v.a. Kohelet, Hiob, Sprüche, Weisheit, Hohelied, Jesus Sirach), der antiken chinesischen Philosophie (u.a. Konfuzius, Lao Tse), des Hinduismus (u.a. Bhagavad Gita, Ashtavakra-Gita), des Buddhismus (u.a. Predigt von Benares), der griechisch-römischen Philosophie, der mittelalterlichen Philosophie sowie der Philosophie der Aufklärung.

Wir können nicht von Weisheit und der mit ihr verbundenen Erkenntnis sprechen, ohne dass die Verinnerlichung der Tugenden zugleich mitbedacht ist. Weisheit, so betrachtet, ist damit selbst eine Meta-Tugend, die alle Einzeltugenden in sich vereinigt.

Manchmal behutsam, ein anderes Mal schmerzhaft und existentiell ergreifend, lehrt die Weisheit, dass die Verfehlungen und das Scheitern in Vergangenheit, Gegenwart und Zukunft auf fehlende Einsicht, fehlende Erkenntnis und mangelndes Wissen zurückgeführt werden können. Deshalb gilt die Aussage, dass nur mit der in der Weisheit ruhenden Erkenntnis wir unserem Entwicklungsanspruch in Fülle gerecht werden und Tiefenheilung erfahren können.

Damit sie nicht vorzeitig an den Bedingungen scheitert, die sie umgeben, stellt die Weisheit die nach ihr greifenden Menschen in die notwendige Distanz zu der Verfangenheit im Moment und den Wahrnehmungsbegrenzungen, die in der Situation liegen. Genau das macht ihren substantiellen Wert für die Vision aus:

- das Geschehen des Moments und die Anforderungen und den Druck, die damit verbunden sind, auch aus einer überzeitlicheren Perspektive zu sehen;
- Gelassenheit an die Stelle des hypnotisierten Blicks auf die Schlange zu setzen;
- über sich und den eigenen Horizont hinauszuschauen;
- der Größe des Geistes in Vergangenheit, Gegenwart und Zukunft teilhaftig zu werden.

Das Auge der Stille

Der Lärm der Gegenwart lastet wie ein Fluch auf der Menschheit. Vor den Bildern, Tönen und Geräuschen der Industriezivilisation gibt es kaum ein Entkommen. Kehrt einmal Stille ein, ist sofort ein Gerät zur Hand, das von ihr erlöst. Die Ablenkungskultur funktioniert in erschreckend perfekter Weise. Stille und Besinnung sind ihr Todfeind. Der Mensch flieht vor sich selbst, weicht sich und seinen Seinsanfragen aus. Vor allem blockiert er jene tieferen Erkenntnisse und Einsichten, die nur zu erzielen sind, wenn der Rhythmus der sich endlos wiederholenden elektronischen Botschaften und des alltäglichen Geschwätzes unter- und durchbrochen wird. Wie besonders gilt dies für den Geburtsraum einer Vision!

Dieser uns im Alltag so leicht entgleitenden geistigen Welt nähern wir uns in der Kultur des Schweigens, in dem, was Kontemplation genannt wird, wieder an und tauchen in sie hinein. Hier werden die Augenblicke geboren, in denen das Ewige aufscheint. Und mit diesem Emporsteigen des Zeitlosen legen wir die Gewänder und Masken ab, mit denen wir uns auf der so genannten Bühne des Lebens bewegen. Die Ablenkungen, derer das sich selbst ausweichende Leben bedarf, und die Langeweile, die einsetzt, wenn ihr Reiz ermüdet – beide lösen sich im Heimatraum des Schweigens als Täuschung auf.

Das kontemplative Schweigen reinigt, erfüllt und führt in inneres Wachstum. Und es heilt in dem ihm eigenen Heimatraum die gejagte und zerrissene Seele. Vor dem verwundenden Außen schirmt dieser Raum uns ab, nach innen lässt er heilende Energien zu, im Innen erweckt er Hingabe, Selbstheilungskräfte und den visionären Blick. Krisen bedürfen der Einkehr, und das erkennende, erwachende und aufsteigende Leben befindet sich in crisis als Dauerzustand. Das Schweigen öffnet den Sehnsuchtsraum des Menschen, holt aus der Bindung an das Vergängliche in das Gewahrwerden des Überzeitlichen. Die Tiefe des Augenblicks, der Gehalt des besonderen

Moments, die Kairoshaltigkeit einer Stunde offenbaren sich in der Stille.

Wo wollen wir auf das im denkenden Bemühen nicht zu Erfassende treffen, wenn nicht im Schweigen und der tiefen Stille? Wie wollen wir die für die Intuition maßgeblichen inneren Kanäle und Verbindungen reinigen, wenn nicht im loslassenden Schweigen? Hier eröffnet sich der Blick auf den Daseinsgrund, den möglichen Zukunftsraum des Menschlichen inbegriffen. Sein und Wesen werden durch die Teilhabe am Ganzen erkennbar. Es entsteht eine Gewissheit, die nicht zur ergebnislosen Verstrickung in ein Für und Wider provoziert. Diese Qualität von Erkenntnis und Wissen kann auch als transrational bezeichnet werden. Die kontemplative Haltung stellt den suchenden Menschen in eine neue Beziehung zu sich selbst und zu den Systemen, die ihn umgeben. Es ist nicht überzogen, festzustellen, dass sie eine tiefgreifende Intervention in Sein und Bewusstsein mit sich bringen. Mit ihrem Voranschreiten entwickeln sich Achtsamkeit, Ethos, Klarheit, Übersicht und Gelassenheit mit.

Seinsangst und tätige Hoffnung

Sehen wir einmal davon ab, dass jede Vorstellung von Sicherheit und Bestand an sich eine Lebensillusion darstellt, so gilt es doch zu respektieren, dass der Aufbruch in eine neue Kultur zumindest mit der Vorstellung existentieller Unsicherheit verbunden ist. Angst kommt dabei wohl immer mit ins Spiel. Das Noch-nicht der großen Menschheitsvision liegt offen als Erwartungshaltung vor der Menschheit. Das Pendel beginnt dann zwischen beflügelnder Ermöglichung und der Schwerkraft, die Bestehendes halten und sichern will, zu schwingen. Viele der schönsten Aufbrüche in der Geschichte des Menschen und ausnahmslos alle durchkämpften Revolutionen sind dieser Schwerkraft letztendlich erlegen und damit der Zerstörung ihres eigenen Impulses. Angst ist der Ursprung dieser Schwerkraft. Sie drückt einen Zustand aus, der sich auf etwas Bedrohliches und zugleich Unbestimmtes und Diffuses bezieht. Als eine Grundbefindlichkeit des Menschen kann sie auch Seinsangst genannt werden, Angst vor dem immer drohenden Verlust und Niedergang, ja dem Nicht-Sein. Sie macht feindselig gegenüber den eigenen Möglichkeiten und gegenüber der Einsicht, dass nur das, was sich in Bewegung und Transformation befindet, noch lebt. Erstarrung ist eine Folge, verbunden mit der Suche nach einer festen und vermeintlich unvergänglichen Form. Diese Seinsangst muss als natürlicher Gegenspieler des Visionären gesehen und verstanden, ja respektiert und wohl sogar gewürdigt werden. Denn die Erschütterung, die von ihr ausgeht, zwingt zugleich zur fortwährenden Auseinandersetzung mit einem nach vorne gerichteten Bewusstsein und bewahrt vor den Haltungen der Hybris und der Vermessenheit, die gleichfalls dem Visionären beigegeben sind. Schließlich können wir sie als ein Anzeichen dafür sehen, dass eine bestimmte Entwicklungsstufe des menschlichen Seins begonnen hat, sich zu erschöpfen und Kraft einzubüßen. Angst wird dann zum Indikator für sich anstauende Energien, die am Kulminationspunkt der Verunsicherung auf neue Wege hinweisen und dazu befreien. So betrachtet, mag die Angst gar in ein neu erwachendes Vertrauen führen.

In der krisenhaft provozierten Neuausrichtung des kulturellen und personalen Seins kann die Hoffnung zum Navigator werden. Sie schlägt den Bogen von der Vergangenheit über das Jetzt in das Kommende. Doch nicht nur das. Im Kampf um ein noch unerkanntes Morgen stärkt sie in den Lebensphasen des Hindurch die geistigen und körperlichen Abwehrkräfte. Sie nährt die Vision. Hoffnung führt der Einheit von Leib und Seele da neue Energie zu, wo das Leiden an der Gegenwart die Kräfte zu verzehren droht, die ein Umsteuern einfordert. Hoffnung aufzugeben, hieße, so betrachtet, die Zukunft aufzugeben.

Als Tugend der Sehnsucht und als Lebenselixier der Vision gibt Hoffnung Antwort auf die Schwebesituation des Menschen zwischen „schon jetzt" und „noch nicht". Sie schenkt die vertrauende Erwartung und damit wiederum das Durchhaltevermögen auch in trockener Zeit.

Doch auch die Hoffnung trägt ihre Schatten. Ein spanisches Sprichwort bringt dies zum Ausdruck, wenn es betont, dass, wer von der Hoffnung lebt, an der Verzweiflung stirbt. So manche Hoffnung macht krank, wenn die Hürden der Unwahrscheinlichkeit, die ihr gegenüberstehen, schlichtweg unüberwindbar sind. Ungesund wird Hoffnung auch da, wo sie der Gegenwart ihr Recht, ihre Würde und ihre Möglichkeiten dadurch raubt, dass sie in der Konzentration und Ausrichtung auf das ersehnte Zukünftige das entgleiten lässt, was auch der Augenblick an Richtungsweisendem beschert. Falsche Hoffnungen also wollen verabschiedet werden. Es ist zweifellos gesünder, sich zu einer partiellen Hoffnungslosigkeit zu bekennen und sie zu durchleben, als die Lebensenergie durch Träume zu blockieren, die letztendlich nur betrügen bzw. in denen wir doch nur wollen, dass die Dinge sich so entwickeln, wie uns das vorschwebt und genehm ist. Solche Hoffnungslosigkeit sollte nicht mit Resignation verwechselt werden. Wir können sie eher als eine Ohnmacht mit offenen Augen verstehen, als Präsenz, die mit dem in Berührung hält, was gerade ist. So bietet sie auch eine Form von Halt in der Haltlosigkeit. Vor allem sagt sie ja zu dem, was gerade lebt, auch wenn es schmerzt.

Zu den Schatten der Hoffnung gehört auch, dass sie sich normalerweise auf das bereits Bekannte bezieht, von dem ich mir Vorstellungen machen kann, und damit in dem Streben mündet, etwas festzuhalten. Beatrice Grimm schreibt: „Solange noch ein Funken von Hoffnung da ist, versuchen wir alles zu mobilisieren, um uns irgendwo festzuhalten. Im Grunde ist Hoffnung eine subtile Abwehr gegen das, was gerade ist, sonst müssen wir nicht hoffen. Hoffnung sagt nein zu dem, was ist." (Zitiert aus einem persönlichen Briefwechsel mit Beatrice Grimm vom 20.10.2015)

Hier nun wird die Unterscheidung in billige und tätige Hoffnung wichtig. Billig ist sie, wenn sie sich auf die Verkündigung des Erhofften und einen damit verbundenen unbegründeten Optimismus, dass die Dinge schon gut ausgehen werden, beschränkt. Dann, so könnte man sagen, ist Hoffnung schlichtweg fehlende Information bzw. Erkenntnis.

Tätige Hoffnung geschieht demgegenüber in dem Vertrauen, dass das, was der Mensch tut, sinnhaft ist und heilend, unabhängig, ob er das Visionäre und Erhoffte bereits konkret schaut, und auch unabhängig vom Ausgang. Tätige Hoffnung nimmt ernst, dass eine Möglichkeit und eine Zukunft ersehnt und erkannt werden, dass dies aber auch eine Anforderung darstellt, ja mit einer Bringschuld des Menschen verbunden ist. Alle großen Visionen setzen dies voraus. Sie sind Ankündigung, also Indikativ und Aufforderung, also Imperativ.

Das hoffende Voranschreiten mindert nicht die Kontingenz, also die Unverfügbarkeit des Zukünftigen. Denn Entscheidungen fallen letztlich immer in das Unvorhersehbare und Dunkle hinein. Und das ist gut so. Die nicht zu überwindende Angreifbarkeit und Verletzbarkeit unserer Stabilitätsbedürfnisse hält die Kreativität am Leben. Sie verhindert, Zukunft bloß als eine Verlängerung der Gegenwart zu sehen und daran das Handeln zu orientieren. Es ist also die Instabilität, die Stabilität benötigt. Immer neu müssen dann die Kontinuität, die wir zur Basisorientierung brauchen, und der Bruch und die Veränderung neu austariert, ja ausgehandelt werden, stehen sie doch in einer äußerst dynamischen Wechselbeziehung. Mitten im Wandel absorbiert dieser unsere Aufmerksamkeit und unsere Energien, und das Beständige tritt wie selbstverständlich zurück. Dann wartet die Phase des Innehaltens, Reflektierens Sich-neu-Ausrichtens. Der Veränderungsdruck gerinnt vorübergehend zum Fels in der Brandung. Gerade das Diskontinuierliche, das unruhige aber auch schöne Wesen des Übergangs, würde zum Chaos, böte sich nicht immer die Insel der vorübergehenden Beständigkeit an. Nennen wir diese Beziehungskonstellation die Dialektik des visionären Prozesses.

Doch wie gelingt das Vorwärtsschreiten im visionären Geist, das über sich und die Gegenwart bei aller Kontingenz doch zielgerichtete Hinausgehen? Dies ist die Stunde der Phantasie, der kreativen Imagination, der Bilder, die etwas vorstellbar und einfühlbar machen. Ihre Sprache ist gefordert, intellektuelle und emotionale Resonanz zu den in der Zeit zwar unbestimmt vorhandenen, aber noch ausdruckslosen Bedürfnissen und Orientierungsnotwendigkeiten hervorzurufen. So kann der Sog durch die Gegenwart hindurch und über sie hinaus entstehen. Gegenwart und Zukunftsvision verschmelzen in der Bewegung zu einem Integral der Zeit. Bloße Gedanken verlieren sich in anderen Gedanken, wenn sie nicht in einer anschaulichen Vorstellung eingefangen werden, in ästhetischen, verheißungsvollen, gut begründeten und lösungsorientierten Bildern. Diese geben dem Diskurs über das Morgen eine Gestalt, mit der Begegnung stattfinden kann. Sie verbinden das Notwendige und Wünschbare mit den zu respektierenden lebensweltlichen Gegebenheiten. Innerhalb ihres Rahmens finden Möglichkeiten, aber auch Unwägbarkeiten und Risiken einen Platz. Es bestimmt sich das Verhältnis von Persönlichem und Kollektivem, und beide sehen sich in der Vision aufeinander bezogen. Die Identität, die dadurch gestiftet wird, kann stark, und sie kann ansteckend sein, holt sie doch den einzelnen Menschen aus der zukunftsbezogenen Ausweglosigkeit, in der er sich wähnte. Das Visionäre, von dem wir hier sprechen, hat also nur noch sehr wenig mit jener Transzendenzverlorenheit zu tun, die klassische Visionen prägten, wie etwa bei Jesaja, wenn er davon spricht, dass die Wölfe bei den Lämmern liegen und die Löwen Stroh fressen werden. (Jesaja 11:6,8) Vielmehr gleicht es Roadmaps, deren Zielpunkte gleichwohl in eins mit den großen Menschheitsidealen fallen, aber auf eine wirklich vorstellbare und die Erwartungshorizonte einer Kultur pragmatisch strukturierenden Weise.

Nie entfernt sich die absolute Wunschvorstellung von dem als Möglichkeit Gegebenen so weit, dass es außer Blickweite gerät. Vorsicht ist deshalb immer angemahnt, wo dies sich abzuzeichnen droht und die Vermittlung zwischen Vision und Gegenwartsbedingungen entgleitet. Wem dies zu vorsichtig pragmatistisch klingt angesichts der existierenden Weltprobleme, der sollte nicht übersehen, dass auch dieser Weg eines zumindest immer mit im Hinterbewusstsein und damit im Spiel hält – das jederzeit unerwartet und ungeplant Mögliche, von dem wir uns angewöhnt haben, als einem Wunder zu sprechen.

Dem wahrhaft visionären Zukunftsbild ist es eigen, gut zu sein und Gutheit auszustrahlen. Es wird von starken Werten und positiver Kraft getragen. Nie wieder soll etwas orientieren und lenken, was der Liebe zum Leben widerspricht. Das erfordert eine Aufrichtigkeit und Authentizität, die es auch der so weit verbreiteten Ironie und dem epidemischen Zynismus schwer machen, sich abzuarbeiten. Und es erfordert klare Entscheidungen, die sich im Zweifel über die Umstände hinwegsetzen. In manchen historischen Situationen ist es unvermeidbar, die aufgebauten Spannungen nicht den Beharrungskräften und der hinter ihr stehenden Acedia zu überlassen, sondern durch einen Schnitt die Realität an die Seite der Vision zu stellen.

Selten wird grundlegender Wandel vom Mainstream initiiert, vor allem dann nicht, wenn er mit dem Verzicht auf so manche Bequemlichkeit und Lebenslüge einhergeht. Und ob man dies in Zeiten einer Political Correctness, die sich der Gleichheitsproklamation aller Menschen verschrieben hat, wahrhaben will oder nicht: Es wird außergewöhnlicher Vertreter unserer Gattung mit außergewöhnlicher Kreativität und besonderen Führungskompetenzen bedürfen, um das Gegebene und Herrschende mit der Vision zu koppeln. Und wir benötigen diese Menschen auf allen Ebenen der Gesellschaft – in Wirtschaft, Politik und Kultur. Es scheint mir nicht überzogen, hier von einem neuen Heldentum zu sprechen, von dem der deutsche Existenzphilosoph Karl Jaspers (1883 - 1969) 1932 zwar in ei-

ner ganz anderen Zeit, doch durchaus in die Gegenwart über-
tragbar, schrieb:

> „Es…ist heute in der Tätigkeit ohne Glanz, im Bewirken
> ohne Ruhm…Es verwirft die Erleichterung durch das,
> was alle tun und jedermann billigt, und läßt sich nicht
> erschüttern durch Widerstand und Ablehnung. Ihm eig-
> net die Verläßlichkeit im Gehen eines Weges." (Jaspers
> 1979/1932, S.160)

III
Der Weg und sein Fundament

„Verläßlichkeit im Gehen eines Weges..."

Das hört sich nach einer übersichtlichen und geordneten Weg-
strecke an, die sich zielstrebig verfolgen ließe. Da klingt auch
eine große Gewissheit durch, die mit Klarheit in der Orientierung verbunden ist, aber nicht mit Zweifel und Unsicherheit.
So eindimensional im Vollzug des Gehens hat Jaspers das aber
sicher nicht gemeint, und so darf es heute auch nicht gesehen
werden. Die Verlässlichkeit bezieht sich auf die innere Haltung
des Gehenden, auf das Ethos, das ihn trägt und ausrichtet. Der
Rest ist und bleibt Kontingenz, hält in einer Existenz, die sich
in Unsicherheit bewegt und es sich strengstens versagen muss,
nach Gewissheiten zu suchen oder sich gar in einem Leben mit
Garantieanspruch einrichten zu wollen. Denn das ist der Mut,
um den es geht: das Aushalten fehlender Handlungsmacht im
Sein, das Ertragen der mitgegebenen Unsicherheit hinsichtlich
aller erkannten Möglichkeiten und damit des Fehlens eines als
sicher zu bezeichnenden Ausgangs.

Unverfügbarkeit konfrontiert mit der unglaublichen Zumutung,
wirklich nichts als unvermeidlich anzusehen, aber eben auch in
jede Richtung! Und so können an gesellschaftlichen, kulturellen,

und historischen Kulminationspunkten sowohl Katastrophen warten als auch ungeahnte Möglichkeitsräume, die sich unvermittelt zu öffnen beginnen. Ein zukunftsweisender Umgang mit solcher Offenheit meint dann, Unsicherheit in die Kunst zu überführen, sie dadurch zu gestalten, dass ich selbst in der Katastrophe alles auf diese Möglichkeitsräume ausrichte und Neues, das sich zeigt, dann auch bedingungslos zulasse und beginne, es zu formen.

Das Aushalten von Unsicherheit gesteht dem Zweifel sein Recht zu und wertschätzt den Irrtum. Das beginnt damit, sich von den alten Zukunftsillusionen zu verabschieden und sie als historischen Irrtum, der auch die persönliche Existenz infiltriert hat, zu identifizieren. Kein anderer Abschied kann mit so großartiger Befreiung verbunden sein. Mit dieser Freiheit erwachsen Phantasie und Kreativität geradezu zwangsläufig und öffnen sich neue Spielräume zur Erfüllung des Gewünschten. Sorge ist dabei allerdings hinsichtlich der Notwendigkeit zu tragen, sich bei aller Komplexität der Situation in Langfristorientierung zu üben und zu bewegen. Denn kein System hält permanenten Kurswechsel aus. Auch helfen keine Zukunftsentwürfe und Handlungsschritte mehr, die sich an Inselmodellen und in sich abgeschlossenen Weltentwürfen orientieren. Zur Akzeptanz von Kontingenz gehört heute die Einsicht in deren globale Durchlässigkeit.

Das Leben heiligen

In der Entwürdigung und Minderung des Lebens werden wir mit einer Entwicklung konfrontiert, die in nichts anderes führen kann als in das Nichts. Hier liegt deshalb der Ausgangspunkt für jegliche visionäre Orientierung, die dem Leben den Stellenwert zubilligen möchte, der ihm zusteht. Und dies gilt für alles Sein im Netzwerk des Lebens.

Es können keine Grenzen und Dualismen mehr akzeptiert werden, die wert oder unwert, nieder oder höher unterscheiden. Zu viel haben wir gelernt und lernen müssen, wie sehr solche Maßstäbe allein der Verabsolutierung eines menschlichen Bewusstseins entspringen, das sich selbst in äußerst engen Bahnen bewegt und zudem seine Kategorisierungen aus Ichheiten gewinnt, die uns auf jeder Ebene begegnen – vom Egoismus bis zum Anthropozentrismus. Zumindest vom Kopfe her sollten wir mittlerweile auch verstanden haben, dass nichts im Lebensprozess des Kosmos ohne Sinn und ohne Zusammenhang mit ausnahmslos allem anderen ist. Das schafft die Basis für ein Verständnis von Leben, in dem dieses seinen Wert aus der bloßen Existenz bezieht. Mein Recht zu leben ergibt sich aus dem Recht eines jeglichen Lebens.

Dieser Gedanke einer universalen Wirklichkeit als Einheit in Unterschiedlichkeit trägt die großen Weisheitstraditionen der Menschheit. Exemplarisch möchte ich das apokryphe Thomas-Evangelium hervorheben, das auch eine schlichte und zugleich grandiose Synthese westlicher und östlicher Spiritualität darstellt. Die Überwindung aller Dualismen und Trennungen, die dem menschlichen Geist entspringen, findet sich dort als durchgehendes Motiv. (Vgl. Schmidt 1977)

„Jesus sprach:
Wer das All erkennt und sich selbst verfehlt,
verfehlt das Ganze."
SPRUCH 67

„Jesus sprach:
Ich bin das Licht, das über allem ist. Ich bin das All.
Das All ist aus mir hervorgegangen,
und das All ist zu mir gelangt.
Spaltet das Holz – und ich bin da.
Hebt den Stein auf –
und ihr werdet mich dort finden."
SPRUCH 77

„Jesus sprach:
Wenn ihr die Zwei eins macht,
werdet ihr Söhne des Menschen werden ..."
SPRUCH 106

Dass die ganze Erde, ja der Kosmos uns nicht gegenübersteht, sondern wir teilhaftig inmitten leben, zeigt sich hier als tragender Gedanke. Die Grenzen der Haut ermöglichen „nach innen" die Gestaltwerdung der Personalität, „nach außen" bilden sie die Membrane, die uns in Resonanz mit unserem Feld des universalen Selbst hält. So wie der menschliche Geist weit über sein Gehirn hinausgeht, sich gleichsam selbst transzendiert, können wir dies auch von unserem Körper als Teil des universalen Leibes annehmen. Im Umkehrschluss bedeutet dies, dass wir nicht nur Teil des Ganzen sind, sondern auch das Ganze in uns lebt und damit erfahren werden kann. Dieses Ineinander-Verwobensein tritt uns zunächst in der vertrauten Form der Begegnung zwischen Ich und Du ins Bewusstsein. In der achtsamen und offenen Begegnung entsteht das Verständnis für das Teilhaben der Person am Ganzen und die Identifikation von diesem Ganzen her. Hier beginnen wir zu verstehen, dass nicht nur wir im anderen Menschen Resonanz erzeugen und in ihm aufgehen, sondern der Andere auch in uns – wenn wir es zulassen. Ist dies verstanden und damit der Werdeimpuls, den wir erst durch den Anderen erfahren, dann kann der bewusste Schritt gegangen werden, meinen Beitrag zur Ermöglichung des Du zu erbringen. Auch dieser Beitrag wird dann wieder auf mich selbst zurückwirken. Fremdermöglichung wird Selbstverwirklichung, in der Fernstenliebe verwirklicht sich die Liebe zu mir selbst.

Die Reflexion darüber, auf das menschliche Du umfassend verwiesen zu sein, wird nun heute zum Ausgangspunkt dafür, sich dem *Leben an sich* in neuer Verbundenheit zuzuwenden und es rückhaltlos anzunehmen und zu bejahen. Es steht damit der Entwicklungsschritt an, der uns zu dem grandiosen Erkennen führt, dass sich in allem die eine Wirklichkeit „wie die Sonne in den Splittern eines zerbrochenen Spiegels" enthüllt. (Vgl. Teilhard 1962, S.128) Rückhaltlose Bejahung und eine qualitativ neue Toleranz dem anderen Leben gegenüber verbindet sich mit tiefer Ehrfurcht vor dem Lebensprozess an sich. Sie zeigt sich in der Bereitschaft, das täglich neue Wunder des Entstehens, Werdens und Vergehens in Erkenntnis zu begleiten und ihm in Hingabe zu dienen. Sittliche Vollendung darf nicht vor der Tür des nichtmenschlichen Lebens enden. In der Lebensethik Albert Schweitzers (1875–1965) tritt dies für den westlichen Kulturkreis erstmals in aller Dringlichkeit und zugleich Ästhetik des Anspruchs ans Licht:

„Wird der Mensch denkend über das Geheimnisvolle
seines Lebens und der Beziehungen, die zwischen ihm
und dem die Welt erfüllenden Leben bestehen, so kann
er nicht anders, als daraufhin seinem eigenen Leben und

allem Leben, das in seinen Bereich tritt, Ehrfurcht vor dem Leben entgegenzubringen und diese in ethischer Welt- und Lebensbejahung zu betätigen. Sein Dasein wird dadurch in jeder Hinsicht schwerer, als wenn er für sich lebte, zugleich aber auch reicher, schöner und glücklicher. Aus Dahinleben wird es jetzt wirkliches Erleben des Lebens." (Schweitzer 1980, S.191f.)

Indem er sich aus dem Geist einer ins Grenzenlose ausgedehnten Liebe zu allem neigt, was ist und lebt, erweitert sich Humanismus zum Universalismus und zur ethischen Mystik. Schweitzer betont, wie unverzichtbar die innere Haltung ist, alles Leben als heilig anzuerkennen, auch das, was uns zunächst vom Menschenstandpunkt aus als niedriger erscheinen mag. Schädigung von Leben kann danach nur gebilligt werden, wenn es als Opfer dem Erhalt anderen Lebens dient. Diese Entscheidung jedoch darf niemals aus Gedankenlosigkeit, sondern sie muss immer in hoher Verantwortlichkeit und von Fall zu Fall neu getroffen werden. Das von Verstand und Empathie unterstützte Gewissen dient dabei als letzte Instanz.

So entfremdet von den naturhaften Lebensprozessen, wie die gegenwärtige Kultur blind vor sich hin lebt, wird zunächst eine Transzendierung des Gewissens nötig sein und damit eine neue Empfindsamkeit, die das Lebensschädigende in den alltäglichen indirekten Handlungen zu erkennen vermag. Das beginnt beim Gang zur Fleischtheke und dem Verbrauch von Gütern, für deren Herstellung anderes Leben leiden musste, es führt über alle Formen des Verhaltens und Verbrauchs, die Leben gefährden und benutzen, und es endet bei der maßlosen Vermehrung und Ausdehnung des Menschen auf diesem Planeten und der damit verbundenen Vernichtung von Lebensraum auch für nichtmenschliches Leben.

In der ethischen Tat erst wird die Ehrfurcht vor dem Leben substantiell. Das Handeln aus Liebe führt in die wahre und tiefe Verbundenheit, von der ein bloß inneres Empfinden nur unzureichend Kunde geben kann. Doch auch an dieser Stelle sollte im Blick bleiben, dass wir den Schatten der Selbstentzweiung des Lebens, von der Schweitzer spricht, auch durch ein noch so bewusstes Handeln nie ganz entrinnen können. Und so werden ethischer Anspruch und ethische Praxis keine letzte sittliche Formvollendung erfahren. Vielmehr sehen sie sich in ihrem Ringen um den geistigen Aufstieg getragen im Prozess der kulturellen Evolution. Dieses Ringen zu erkennen, es selbstbestimmt zu suchen und selbstgewiss im Prozess zu halten, wissend, dass die Verantwortung, die ich trage, im Letzten auf das Ganze gerichtet ist – schon dies gibt Hinweis von den wahren und schönen Möglichkeiten des Menschen.

Die Suche nach der Tugend um des anderen Lebens und der Veredlung des Ganzen willen, und nicht bloß für das eigene Seelenheil, bezeugt zweifellos eine außerordentliche Aufrichtung des Menschen. Zugleich weist sie über ihn hinaus, ist der Mensch als Teil des Ganzen doch immer auch Natur und von ihr nicht fremd zu denken. Die außerordentliche Anforderung besteht darin, die existentielle Trennung von Mensch und Natur in unserem Bewusstsein und unserer Empfindung aufzulösen. Wir leben in und mit ihr, ja wir sind in gewissem Maße eben auch Natur. Aus dieser Wahrnehmung des Naturhaften als Teil von mir kann und wird sich dann die Empfindung lösen, in der Menschen fühlen, dass alles, was sie der Natur antun, sie sich selbst antun. So mag sich mehr Umsicht, Vorsicht und Rücksicht in uns ausbreiten, so vor allem wächst die Selbstliebe zu einer universalen Liebe. Das jesuanische Gebot, unseren Nächsten zu lieben wie uns selbst (Matthäus 22,39), erhält damit eine uns selbst transzendierende Bedeutung.

Trennungsphantasien also, gerade die zwischen Mensch und Natur, halten in einer dualistischen Illusion. Das Bewusstsein von Unterschiedlichkeit und Gegensätzlichkeit im universalen Feld der Verbundenheit stellt demgegenüber in eine Wirklichkeit, in der sich alles in ein größeres Geschehen sinnhaft eingebettet sieht. So betrachtet, kommt dann auch die Differenz als Motor der Bewegung, der Vielgestaltigkeit, Buntheit und Entwicklung zu einem neuen Recht. Die Welt der Gegensätze als Einheit in Unterschiedlichkeit liegt als Prinzip der Schöpfung zugrunde.

Ins Leben treten allerdings kann die Einsicht der großen Einheit erst dann, wenn sie jenseits eines trennenden Bewusstseins auch gelebt wird. Nur durch Praxis wird sie wahr. Und diese hängt an der einzelnen Person. Sie muss sich in einem gewaltigen Willens- und Bewusstseinsakt von so manchen Selbstverständlichkeiten ihres Selbstverständnisses lösen und befreien, will sie im unmittelbaren Erleben nicht mehr der Wahrnehmung von Zweiheit und damit der Täuschung begegnen.

Resultiert aus der Verbundenheitserfahrung ein veränderter Blick auch auf unsere Handlungsmöglichkeiten? Unbedingt! Es gilt, die Freiheit in den nun mitgegebenen Grenzen neu zu lernen. Mein Lebensrecht gilt nur so weit, wie es anderes Lebensrecht nicht verletzt. Die Grenzlinien jeglichen Handelns werden durch lebensfeindliche Orientierung gezogen.

Dem Leben dienen

Ein dem Leben dienender visionärer Aufbruch kann nur gelingen, wenn er mit der entsprechenden Transformation des menschlichen Bewusstseins auf den unterschiedlichsten Entwicklungsstufen, die auf der Erde existieren, verbunden ist. Das bloße Wissen, über das wir in hinreichendem Maße schon lange verfügen, kommt bereits zu spät. Denn das kognitive Erkennen, so ich es überhaupt an mich heranlasse, berührt noch nicht Herz und Seele und erweckt nicht die empathischen Empfindungskräfte. Der Wandel benötigt Wissen, Erkennen *und* Mitempfinden! Sonst verbleiben wir chancenlos im Ego-Tunnel. Dass dieser Stufenschritt sich allerdings in einer hinreichenden Größenordnung in unserer Gattung vollzieht, wird noch mehr Zeit benötigen, als wir haben, wenn etwas von dem Wunderbaren und Geheimnisvollen dieses Planten gerettet werden und vielleicht sogar eines Tages eine Neuverzauberung gelingen soll. Alles, was ich in der Folge anspreche, baut vor dieser Schlussfolgerung bzw. Wahrnehmung zunächst somit „lediglich" auf Einsicht. Sie trägt gleichwohl die große Vision der Versöhnung mit dem Leben im Hintergrund bereits mit. Und jeder Schritt, der trotz aller Unsicherheit und allem Druck konsequent aus Einsicht gegangen wird, führt näher zu dem an sich erstrebten Ziel.

Der Sündenfall unserer Epoche ist die nahezu alles auf diesem Planten beherrschende Monetarisierung des Lebens und dessen Minderung zum Handels- und Verbrauchsgut. (Vgl. Kairos Europa 2014, S.31f.) Wie eine Pandemie hat sie sich in wenigen Generationen ausgebreitet und den menschlichen

Aufstand für das Leben

Geist einschließlich der Systeme, die er hervorgebracht hat, befallen. Gutes Leben erscheint ohne Geld-Wert und Geld-Beziehungen nicht mehr vorstellbar. Der Virus ist vom sogenannten Abendland ausgegangen und dem Ressourcen plündernden Raubtierkapitalismus, den er nach sich zog. Ein Großteil des Elends auf den Kontinenten ist ihm zu verdanken inklusive der ökologischen Katastrophen und der Armutsströme, die bereits heute einer modernen Völkerwanderung gleichkommen. Dass das menschliche Elend die Ausbeutung und Vernichtung anderer Lebensformen dramatisch beschleunigt, ist naheliegend. An einer konsequenten Umlenkung der Finanzströme in die Notstandsgebiete und Armutskammern dieser Erde kann deshalb kein Weg vorbeigehen, bis es zu einer Angleichung in den Lebenschancen, auch in der Bildung, gekommen ist, die das Fundament für eine neue planetarische Gemeinschaft aller Kulturen und aller Lebensformen bildet. Aus der unverhältnismäßigen und kranken Wachstumsspirale der Industrienationen muss zunächst eine globale Ausgleichsspirale werden, die den armen Nationen das Wachstum und den technischen Standard ermöglicht, die erforderlich für ein ökologisch vertretbares Leben und Überleben sind. Die Wohlstandseinbußen, die damit in den reichen Ländern verbunden sein werden, können verschmerzt werden. Es sind lediglich Überflusseinbußen. Auch das Leiden an *ihnen* ist letztlich ja nur eine Kopf- bzw. Bewusstseinsfrage und nichts, was zum Tode oder auch nur zur Verelendung führen würde. Die Freiheit des Menschen und die daraus sich ergebenden Rechte beinhalten jedenfalls nicht das Recht auf Ausbeutung und unverhältnismäßigen Luxus, solange anderes Leben (darunter) leidet. Sie beinhalten auch nicht die Privatisierung und Monetarisierung der allgemeinen Erdgüter Land, Wasser und Luft, einschließlich der in ihnen beheimateten Lebensformen. Anders formuliert ließe sich auch sagen:

- Lasst uns Maßstäbe entwickeln für ein gutes Leben innerhalb der ökologischen Kapazitäten!
- Lasst uns auf allen Ebenen der Kultur lernen, ein jeweils gutes und gelingendes Leben als eine permanente geistige Herausforderung zu sehen, die mit wohltuenden geistigen Belohnungen verbunden ist!
- Lasst uns lernen, darin auch eine gewaltige und wunderbare ästhetische Herausforderung für jeden einzelnen Menschen zu sehen, was eine Gestaltung des Lebens anbelangt, die auf das verzichtet, was es zu einer Existenz in Würde nicht braucht!
- Lasst uns also lernen, Verzicht als Gewinn und Befreiung zu sehen und zu empfinden und Bescheidenheit als Reichtum!

Muss daran erinnert werden, dass eine Ökonomie der Genügsamkeit auch die Botschaft aller Hochreligionen ist und mittlerweile auch das Kernanliegen der Vereinten Nationen, wie es sich exemplarisch in der „Global Compact Initiative" niederschlägt? (Vgl. unglobalcompact.org)

Unbestritten grenzt es an Unmöglichkeit, gutes und würdevolles Leben für jeden einzelnen Menschen oder einzelne Länder definieren zu wollen. Das wäre unter dem Gesichtspunkt kultureller Diversität auch nicht wünschbar. Hier wird sich eine entsprechende Sensibilität Stück für Stück herausbilden müssen, die unterschiedliche Bedürfnisse respektiert. Was aber sinnvoll erscheint, ist, einen verbindlichen interkulturellen Diskurs über

Grenzen der Habgier zu beginnen und entsprechende Indikatoren festzulegen, die sich auf Staaten, Unternehmen, Organisationen und Personen beziehen. (Vgl. Kairos Europa 2014, S.24f.) Dann lägen auch zu konkretisierende Anhaltspunkte für eine ausgleichende Korrektur von Reichtumsverhältnissen und Wachstumsüberschüssen vor. Ihnen folgen müssen politische Entscheidungen und Interventionen. Reine Marktmechanismen sind in diesen Zusammenhängen ein untaugliches Instrument. Bei steigender Ressourcenknappheit und steigenden Preisen stärken sie die Zugriffsoptionen der Wohlhabenden und vergrößern die Schere zwischen Arm und Reich.

Wachstum an sich, Wirtschaftswachstum inbegriffen, ist kein Übel. Wie bei den Grenzen der Habgier müssen hier allerdings verbindliche Eckwerte erforscht und fixiert werden, die auf Verträglichkeitsgrenzen für Umwelt und Mensch abzielen. So gut wie alles wird dabei davon abhängen, inwieweit es gelingt, das Wachstum der Ökonomie von dem bislang als unvermeidbar angesehenen Naturverbrauch abzukoppeln. Jedes Wachstum wird zudem immer dann schlecht, wenn es konviviale (vgl. zu dem Begriff Illich 1973) Grenzwerte überschreitet und ökonomische Eigengesetzlichkeiten entstehen, die zu fehlender Übersichtlichkeit und der Einschränkung menschlicher Handlungsfreiheit führen. „Herrenlose Gewalten" nannte der Theologe Karl Barth diese Kräfte. Es ist im ökonomischen Denken und Handeln etwas grundsätzlich falsch, wenn das Überleben wirtschaftlicher Systeme, vom Unternehmen bis zur Volkswirtschaft, daran hängt, dass sie materiell wachsen! Dabei gibt es Gesellschaftsfaktoren, denen Wachstum, mitsamt der dafür notwendigen Infrastrukturleistungen, ausnahmslos guttun - Kultur, Bildung, Gerechtigkeit, Gesundheit, Toleranz. Es gilt, in der angestrebten Kultur der Genügsamkeit und Bescheidenheit diese qualitativen Wachstumsfelder in den Fokus zu rücken und damit auch den entsprechenden Investitionsbedarf verstärkt in diese Bereiche zu verlagern. Hier allerdings reden wir dann nicht mehr von vierteljährlichen Quartalszahlen, sondern von echter Langfristigkeit mit einer Generationenperspektive. Dass solche an sich banalen und selbstverständlichen Überlegungen wesentlich an der Umstrukturierung des globalen Finanzwesens und der damit verbundenen Zins- und Schuldenpolitik hin zu einer gemeinwohlorientierten Geldordnung hängen, ist offensichtlich. Darüber ist vieles hinreichend gesagt und geschrieben worden. (Vgl. etwa Duchrow 2013)

Eine Kultur der Genügsamkeit wird auch ihre Beziehung zur Technik neu bestimmen müssen. Wir haben Technik ja gleichsam in unser Innerstes aufgenommen, sind in eine tiefe Beziehung zu ihr getreten. Die Maschinisierung des Alltags bestimmt das Leben und lässt es unvorstellbar erscheinen, sich davon wieder ein Stück zu befreien. Das betrifft nicht nur die Bewusstseins- und Kommunikationstechnologien wie Fernsehen und Computer, Mobiltelefone und Smartphones, sondern reicht in eigentlich alle Lebens- und Gesellschaftsdimensionen hinein. Aus der Objektivierung menschlicher Grundsehnsüchte in Technik ist eine Mensch-Maschine-Symbiose geworden, die still, aber nachhaltig das Menschsein an sich grundlegend gewandelt hat.

Unbestritten benötigt die Menschheit technische Entwicklungen um ihrer eigenen Entwicklung willen. Und wenn wir versuchen wollen, der ökologischen, ökonomischen und demographischen Krisen Herr zu werden, so bedarf dies sogar eines noch größeren Erfindergeistes und einer noch höheren

technologischen Entwicklungsgeschwindigkeit. Doch davor
steht eben der Lernschritt, Technik in einem anderen Licht zu
sehen, zu verstehen und zu empfinden als bisher. Dazu gehört,
auf jene Errungenschaften zu verzichten, die sich als lebensfeindlich erwiesen haben – und zwar sowohl auf der Ebene der
technischen Strukturen als auch der des Konsums von technischen Apparaten.

Technische Entwicklung sollte an ihre Konvivialität, also Le-
bensfreundlichkeit, gebunden sein. Das meint vor allem, vor-
ausschauend und die möglichen Folgen mitbedenkend zu wirken. Der verantwortungsethische Blick ergibt sich nicht erst aus
der Unerbittlichkeit des Faktischen, sondern er bestimmt bereits
die Vorbeugung und Vor-Sicht. So kann Schaden durch Voraus-
schau verhindert werden. Möglicher Nutzen will bereits in die
Entwicklung hineingedacht werden und sich nicht erst nach der
Erfindung suchen lassen. Und dieser Nutzen ist dem integralen
Wachstum der Menschheit und ihrer Entwicklungsvision verpflichtet, bewirkt also nicht neue Spaltungen des Lebens.
  Vor diesem Grundauftrag sind Eingriffe in systemische Zu-
sammenhänge so lange tabuisiert, wie sie nicht in ihren Konsequenzen verstanden wurden. Für eine Restrisikophilosophie,
die noch die größten Verbrechen an der Zukunft rechtfertigt,
darf es keine Begründungen mehr geben. Sich auch auf der
Ebene von Technologie mit dem bescheiden, was überschaubar, verstehbar und beherrschbar ist, genießt Priorität. Sich auf
das begrenzen, was in Ökosystem, Soziosystem und Wertvorstellungen, die beiden zugrunde liegen, nicht zerstörend, sondern stützend eingreift, folgt. Es geht also um die Ausrichtung
auf das, was wir gestalten können, ohne anderes zu belasten.
Daraus leiten sich konkrete Anforderungsprofile ab:

Beherrschbarkeit: Sie ist dann gegeben, wenn technische Systeme auch wirklich verstanden wurden und ihre Abläufe bis ins letzte Detail transparent sind. Das ist etwa bei der Atomtechnologie nicht der Fall.

Fehlerfreundlichkeit: Durch technisches und/oder menschliches Versagen hervorgerufene Störungen führen nicht gleich zu größeren Systemzusammenbrüchen und Katastrophen. In der Energieversorgung gelten als fehlerfreundlich solche dezentralen Energiesysteme, die auf regenerativen Energiequellen beruhen.

Reversibilität: Menschen können irren. Einmal entwickelte technische Systeme müssen deshalb rückholbar sein. Das setzt allerdings voraus, dass sie mit der technischen Infrastruktur insgesamt sowie den politischen, ökonomischen und sozialen Gegebenheiten nicht schon so verwoben sind, dass sich daraus bereits neue Strukturen ergeben haben.

Strukturoffenheit: Sie knüpft daran an und stellt sicher, dass technische Entwicklungen nicht alternativlos sind, also nicht in technologische Einbahnstraßen, ohne die Möglichkeit abzubiegen, führen.

Zeit-Spielräume: Die Entwicklung und Erprobung neuer technischer Systeme gilt es an die Geschwindigkeit sozialer Entwicklungen und der gesellschaftlichen Lernfähigkeit anzupassen. Reflexivität und Gestaltungsspielräume dürfen nicht dadurch eingeschränkt werden, dass neue Technologien gemeinhin sofort zu hohen Anpassungszwängen von Mensch und Natur führen.

Aufstand für das Leben

Ethische Verankerung

Die Herausforderungen einer das Leben heiligenden, konvivialen Lebensweise unserer Gattung sind in allen Bereichen außerordentlich: kulturell, finanziell, technologisch. Zu Ende gedacht allerdings wird schnell deutlich, dass die eigentlichen Anforderungen ethische sind. Wo das Ethos nicht trägt, scheitert langfristig jedes Bemühen. Wo ihm die absolute Verbindlichkeit fehlt, schleicht sich unablässig die Nachlässigkeit ein. Für das visionäre Denken und die von einer Vision gespeiste Orientierung ist Ethik kein „nice to have", sondern ein unbedingtes Muss. Von Ethik zu sprechen meint dabei, sich auf überzeitliche und interkulturell gültige Normen und Wertvorstellungen zu beziehen, die nicht der Beliebigkeit sich verändernder politischer und/oder ökonomischer Opportunitäten bzw. sich verändernden Rahmenbedingungen unterliegen. Dazu ist in der Geschichte der Menschheit bereits viel gesagt und geschrieben worden. In den großen Weltreligionen zeigt sich im Ethos das Wesen des werdenden Menschen – und zwar in interkultureller Gültigkeit. Und in der Philosophie des sogenannten Abendlandes stoßen wir auf außerordentliche Ausformulierungen, die es überflüssig machen, in diesem Felde irgendetwas neu zu erdenken. Schauen wir uns deshalb einige Anleihen an, die richtunggebend für die konviviale Vision der einen Menschheitsfamilie sind.

Thomas von Aquin (1225-1274) formulierte in Anlehnung an Aristoteles (384-324 v.Chr.) vier Kardinaltugenden: Klugheit, Gerechtigkeit, Tapferkeit, Maß.

Klugheit verstand Thomas als wirklichkeitsgemäßes Denken und Handeln. Sie orientiert auf die Wege des Guten hin, gibt der lebensorientierten Vernunft die rechte Ordnung, den praktischen Bezug und damit den Adel, angemessen zu sein. So steht sie wegweisend über den anderen Tugenden. Wir können diese Kunst heute als die Anerkennung des bewussten geistigen Wachstums des Menschen verstehen sowie den darauf gegründeten konvivialen, also den Bedürfnissen des Lebens zugewandten Entwicklungsschub. Die Klugheit ist so die lebenspraktische Spiegelung der überzeitlichen Weisheit.

Gerechtigkeit nach Thomas meint, jedem sein Recht zuzuerkennen. Gerechtigkeit ordnet die Beziehungen zwischen den Menschen, und zwar sowohl auf der persönlichen als auch auf der sozialen, gesellschaftlichen, gemeinschaftsorientierten Ebene. Die Gemeinwohlorientierung steht dabei im Fokus. Gerechtigkeit hat zwei Richtungen: zwischen den Individuen (iustitia legalis) und von dem Sozialwesen auf die einzelnen Mitglieder zu (iustitia distributiva). Das aus ihr erstehende Handeln kann sich heute allerdings nicht mehr auf den Menschen und seine Systeme allein begrenzen. Vielmehr beziehen sie sich, vom Geist umfassender Verbundenheit herkommend, auf das Leben in all seinen Äußerungsformen und auf dessen Schutz, dessen Pflege und dessen Ermöglichung.

Tapferkeit wird als die Bereitschaft verstanden, im Kampf für die Verwirklichung des Guten auch Verletzungen, im Zweifelsfalle bis zum Tode, hinzunehmen. Tapferkeit also setzt die Bereitschaft zur Verwundbarkeit voraus. Was die Klugheit als gut erkannt und in der Gerechtigkeit seine lebensorientierte Gestalt findet, wird erst durch die Tapferkeit gegen Widerstände und Hemmnisse ermöglicht. Das heißt aber auch, dass Klugheit und Gerechtigkeit der Tapferkeit vorausgehen bzw. sie begründen. (Vgl. Pieper 1934)

Authentizität, Wahrhaftigkeit, Selbstachtung und eine Entscheidungsklarheit, die aus der Vernunft und dem Herzen kommt und vor persönlichen Folgen nicht zurückschreckt, wäre hier eine zeitgemäße Umschreibung.

Maß als Mäßigung im Gesamtverhalten der Person, die eine uneigennützige Selbstbewahrung zum Ziel hat, das hätte Thomas wohl gesagt. Und er hätte angefügt, dass dies nur gegen die dem Maß entglittene Selbstzerstörung und gegen die damit verbundene Verfremdung der Wirklichkeit in der Wahrnehmung geht. Bescheidenheit, Genügsamkeit, Lebensorientierung und Überschaubarkeit sind hier die aktuellen Attribute. Hinzu tritt die heute unausweichlich gewordene Fähigkeit, Grenzen zu erkennen und zu respektieren – Grenzen des Wachstums, des Möglichen und Machbaren, Grenzen meiner. selbst!

An dem Königsberger Philosophen **Immanuel Kant** (1724–1804) führt in einem Ethikdiskurs kein Weg vorbei. Er führte ein auf dem Vernunftideal beruhendes Ethos zu seinem philosophiegeschichtlichen Höhepunkt. Zwar verbleibt Kant ganz in einer anthropozentrischen Sicht- und Wahrnehmungsweise, denkt alles auf den Menschen hin und belässt ihn bei sich als Zweck an sich. Doch hinter seine im *Kategorischen Imperativ* aufgestellte Forderung, dass wir immer nur nach solchen Grundsätzen handeln sollten, von denen wir wollen, dass sie zugleich ein allgemeines Gesetz sein könnten, gibt es kein Zurück. In ihr kommt zum Ausdruck, dass wir uns des Prinzipiellen und Grundsätzlichen bewusst sein müssen, das mit *jedem* Handeln verbunden ist, und einer entsprechenden Folgenhaftigkeit, die vom Ganzen her gedacht ist und nicht nur von momenthaften Sonderinteressen. So gesehen kann der Kategorische Imperativ auch als Grundgesetz der Achtsamkeit gesehen werden. Es ist allerdings erforderlich, die Zielrichtung dieses Imperativs und damit die Intentionen, von denen der handelnde Mensch ausgeht, auf das Leben an sich auszudehnen.

Hans Jonas (1903-1993) leistete dies in seinem großen moralphilosophischen Werk „Das Prinzip Verantwortung" (1979). Dort mahnte er, immer so zu agieren, dass die Wirkungen unserer Handlungen der Permanenz echten menschlichen Lebens auf Erden dienen. Er brachte damit indirekt die Schutzrechte mit ins Spiel, die wir auch dem anderen Leben auf diesem Planeten, den Tieren und Pflanzen zugestehen bzw. entgegenbringen müssen – auch um unseres eigenen Wohles willen. Er führte dazu einen Vorsichtsfaktor für das menschliche Handeln ein und gab ihm den Namen *Heuristik der Furcht*. Sie besagt, dass wir, bevor wir irreversible Entscheidungen und Handlungen vornehmen, uns mit den schlimmstmöglichen Folgen des Tuns auseinandersetzen sollten.

Den entscheidenden Schritt hinsichtlich einer Ethik, die sich vollständig auf den Lebensstrom ausrichtet, finden wir schließlich bereits einige Jahre vor Jonas bei dem Friedensnobelpreisträger, Urwaldarzt, Leben-Jesu-Forscher, christlichen Mystiker und begnadeten Bach-Interpreten **Albert Schweitzer**, den ich bereits zitiert habe. Von seiner Grundeinsicht her kommend, dass wir Leben sind, das leben will, inmitten von Leben, das leben will, lässt sich der Imperativ nun so formulieren: *Handle immer so, dass du in allem, was du denkst, tust und nicht tust, dem Leben dienst.*

Dies ist der Schritt über den Menschen hinaus auf alle Lebensformen und deren Lebensgrundlagen zu. In den globalisierten Gegenwartskulturen erfordert eine solche Orientierung heute zudem, dass zu unserer liebenden Zuwendung und Verpflichtung in Nahbereichen auch die Zuwendung und Verpflichtung gegenüber den Ferneren und Fernsten tritt.

So grandios solche ethischen Entwürfe sind, so sehr steckt der Mensch in Beharrung und Gewöhnung und der damit verbundenen Trägheit fest und droht, in ihr zu verkümmern. Dem stellt sich das existentialistische Denken in seinem dringenden Appell, uns als selbstbestimmt und eigenverantwortlich doch endlich ernst zu nehmen.

Zu den Gründungsvätern der Existenzphilosophie zählt **Friedrich Nietzsche** (1844–1900). Das wahre Wesen des Menschen macht es aus, frei und selbstbestimmt zu dem zu reifen, was an Potentialen in ihm ruht, und dabei die volle Perspektivität und Verantwortung für sein Leben zu übernehmen. Die Rückbindung an einen von menschlichen Bedürfnissen nur erdachten Gott lehnt Nietzsche dabei genauso ab wie das Getragenwerden vom Strom einer das Selbst erniedrigenden Mittelmäßigkeit.

„Was aus Liebe getan wird, geschieht immer jenseits von Gut und Böse." (Nietzsche 1990, S.617)

Dieser Satz klingt zutiefst jesuanisch und befindet sich sinngleich auch bei Aurelio Augustinus (354-430) mit dem *„Liebe, und dann tu, was du willst."*

Nietzsche appelliert in dieser Haltung an die höchsten Ethos-Kräfte des Menschen und ihre Freisetzung. Wir haben es mit dem grandiosen Entwurf einer Freiheit zu tun, die auch als Voraussetzung für eine tiefe Spiritualität gesehen werden kann. In ihr schwingt von dem göttlichen Kern des menschlichen Wesens immer schon etwas mit, das sich hier auf Erden entfalten soll, im *Übermenschen*. In jener so oft bewusst entstellten und fehlinterpretierten Denkgestalt ist der Mensch zu seinem Selbst vorgedrungen. Er hat in positivem Sinne zu seiner Einmaligkeit gefunden. Auch wenn sie bei Nietzsche noch im anthropozentrischen Korsett verbleibt, so finden wir hier doch die Grundlegung für eine entgrenzte integrale Seinsmöglichkeit.

Der Selbstentwurf, dem der Mensch verpflichtet ist, charakterisiert auch die Werke der weiteren existentialistischen Denker wie **Martin Heidegger**, **Karl Jaspers** und **Jean Paul Sartre**. Herausgehoben werden soll jedoch noch eine Gestalt, die **Albert Camus** (1913-1960) beschreibt und in der sich ein jeder von uns, zumindest immer wieder einmal, wiederfinden kann: *Sisyphos*, der Held des Absurden. (Vgl. Camus 1998/1956, S. 124-128) Von den Göttern dazu verurteilt, unablässig einen gewaltigen Stein einen Berg hinaufzuschieben, nur um ihn dann wieder nach unten rollen zu sehen, nimmt er in unüberbietbarer Größe sein Schicksal an. Er jammert nicht, sondern erkennt darin seine Berufung. Und so bietet er den Göttern die Stirn, die ihn leiden sehen wollten. Die gegebenen Grenzen werden zu seinem Ermöglichungsraum, ja zu seiner Freiheit! Wir stellen uns vor, wie er mühsam den Stein nach oben wälzt. Dann atmet er tief durch, reflektiert das Getane, weitet den Blick auf dem Gipfel des Berges und begibt sich gemessenen und leichten Schritts wieder nach unten ins Tal. Was das mit einer Beziehung zur Vision zu tun hat? Es ist diese Haltung, die entgegen den Absurditäten des Menschheitshandelns in dieser Weltzeitstunde tragen kann. Es ist die Haltung des Hindurch, des immer wieder Aufstehens, auch wenn dein Schicksal darin zu bestehen scheint, immer wieder zu fallen. Camus schreibt:

„Der Kampf gegen Gipfel vermag ein Menschenherz aus-
zufüllen. Wir müssen uns Sisyphos als einen glücklichen
Menschen vorstellen." (S.128)

Das gelebte Ethos entsteht mit dem im Hindurch zu leistenden
stetigen Neu- und Selbstentwurf. Keine Weltverbesserung ist
denkbar ohne Selbstverbesserung. Wir sprechen hier deshalb
nicht nur von etwas Möglichem, sondern auch von etwas Nöti-
gem - für das Ganze und für mich. Der Schweizer Kulturanth-
ropologe **Jean Gebser** (1905-1973) formuliert es so:

„Wer sich... seinem Auftrag, der ein geistiges Ansin-
nen ist, entzieht, handelt gegen den Ursprung. Wer gegen ihn handelt, hat keine Gegenwart, heute so wenig
wie morgen...Ein jeder ist frei, es zu leisten. Wer diese
Freiheit verspielt, verspielt sein Leben und seinen Tod."
(1995, S.138f.)

Das Ringen, das jene Lebenshaltung des Werdens trägt, erkennt sich als Ringen darum, nicht nur Mensch zu bleiben
im Angesicht der Entzweiung des Lebens, sondern vor allem
über die Einsicht in die eigenen Schwächen, die eigenen inneren Widersprüche und Gegensätze hinaus fortwährend neu
Mensch zu werden. Das Leben wird dadurch zu einem schöp-
ferischen Akt, zu einer dynamischen Skulptur, deren äußere
Erscheinung sich wandelt, während das Innere und Seelische
sich reinigt und klärt. Größeres allerdings ist ohne Preisgabe
des Gewohnten und Bindenden, ohne das Zurücklassen von
Dingen und Verdinglichungen nicht zu erlangen. Leichtfü-
ßigkeit zeichnet den wahren Pilger aus. Das Ich steht nun auf
dem Prüfstand, und das in sehr grundsätzlicher Weise. Denn

das Ich, das verstrickt im selbstbezogenen Kampf lebt, kann nie zum Ganzen führen. Es gibt sich mit dem ihm Vertrauten zufrieden, die Täuschung pflegend, schon das höchste Gut erreicht zu haben. Es leugnet vor sich, dass einer neuen Geburt das Sterben des Alten und damit verbundene Trauerprozesse vorausgehen.

Mit der Infragestellung und Transformierung egozentrischer Selbstbilder und Selbstideale entsteht Ichfreiheit. Sie ist nicht das Resultat von Gewalt gegenüber dem auf das Ich Bezogenen. Sie tötet nicht ab, wie es in alter religiöser Sprache, den Ich-Mord heroisierend, gefordert wurde. Vielmehr weicht das egoistische Gen ergriffen zurück vor der unermesslichen Weite universeller Wirklichkeit. Es beginnt das Leben, das neben der Tiefe von Erkenntnis nun vor allem ein zutiefst spirituelles Gefühl beheimatet. In der neu gewonnenen Freiheit vom zwanghaften Ich ordnet und strukturiert sich alles neu, zeigt es sich als gestaltbar, das Verhältnis von Sein und Zeit und von Raum und Zeit inbegriffen. Dieser Abschied wird begleitet von Verlustangst, konkreten Verlusterfahrungen und der Empfindung von Verlassenheit im alten Leben.

Das gefestigt scheinende Identitätsgefühl zerbricht. Der Gang durch das, was Mystiker verschiedener Traditionen als die dunkle Nacht der Sinne und des Geistes bezeugen, ist, auch wenn jeder Mensch ihn anders erlebt, unausweichlich. Er will durchlebt sein, so wie die Freude, die wartet, und wie die Rückschläge, die auch dem Erwachen wiederum folgen. Denn die Differenz zwischen der inneren geistigen Erfahrung und dem Herzgefühl auf der einen Seite sowie der nachhinkenden Verwirklichung in Haltung, Verhalten und Tun auf der anderen Seite löst sich nie vollständig auf. In unserer irdischen Endlichkeit bleiben wir unvollendbar. Fehler und Irrtümer gehören zu dem Prozess. Sie sind die natürliche Kehrseite des Vollkommenheitsbildes und zugleich Zeichen für notwendige Korrekturen im Sinne der visionären Orientierung.

In dem stetigen Neuentwurf werden wir der Freiheit gerecht, auf der jedes menschliche Wesen gründet. Sie erweist sich vor allem in der inneren Lösung von den kulturellen, gesellschaftlichen und geistigen Institutionen, die den Anspruch erheben, für die Sinndeutung des Menschen zuständig zu sein. Und sie bewährt sich im Respekt vor der Einsicht, dass Freiheit nur von Wert in Bezug auf jene Optionen ist, welche die Freiheit nicht selbst gefährden oder dadurch aufheben, dass sie die Seins- und Entwicklungsmöglichkeiten des Menschen schlechthin gefährden. Aus der Freiheit des Lassens wird die Gelassenheit geboren, die an den Windungen des Schicksals nicht verzweifelt. Sie stellt die inneren Ordnungen auf den Prüfstand und stellt sie in Frage, lässt sie zwar neu und verändert wieder entstehen, doch hält sie sie im Übergang. Damit wird sie zu einer Freiheit, die sich schrittweise in ein nichtlokales Bewusstsein entwickelt. Die Heimat, in die sie führen möchte, hat keinen festen Ort und keinen festen Namen mehr. (Vgl. ausführlich Eurich 2015, S.76 ff.)

Letztendlich ist es auch die Ichhaftigkeit, die allem Gewalthaften auf Erden zugrunde liegt. Immer steht der Egozentrismus auf den verschiedensten Ebenen am Beginn. Er schränkt die Weltwahrnehmung durch die Ich-Perspektive, als Person, als Gruppe, als Staat, als Religion, dramatisch ein. Mit ihm geht Verlustangst einher und ein ausgeprägter, nach *außen* gerichteter Kontrollzwang. Durch die aus eingeschränkter Wahrneh-

mung, Angst und Kontrollwahn hervorgerufenen Angriffs-
gedanken verharren Mensch und Kultur in einer wahrhaft
(selbst)mörderischen Spirale. Die angestrebte Entwicklung hin
zum integralen Wahrnehmen, Denken und Empfinden muss
deshalb hier ansetzen.

Sowohl in der Ethik der Ehrfurcht vor dem Leben, wie sie
Albert Schweitzer entwickelte und verkörperte, als auch in
dem Konzept der Gewaltlosigkeit, wie **Mahatma Gandhi**
(1869-1948) es lebte, finden sich hierfür Ausgangspunkte. Beide lassen sich in einer Haltung integrieren, die ich *Geist des
Nichtverletzens* nennen möchte. Sie steht für eine universale
Ethik und eine ins Grenzenlose erweiterte Verantwortung.
Dem Leben an sich teilhaftig zu werden, es mitzuerleben und
es, wo immer möglich, zu erhalten, das meint Geist des Nichtverletzens, auch wenn wir an dieser Stelle einem ethischen
Grunddilemma nie vollständig ausweichen können. Dieses Di-
lemma besteht darin, dass es immer der Mensch ist, der diese
Entscheidung fällt.

Das Gebot „Du sollst nicht töten" findet hierin seine entscheidende Erweiterung. Im Geist des Nichtverletzens mindert
sich das Nützlichkeitsdenken. Nicht seine Nützlichkeit, sondern seine Einmaligkeit und der Wert an sich, der in jedem
Leben steckt, prägen die Beurteilung eines Lebewesens und
seiner Handlungen! Und sie formen die Haltung, mit der wir
beidem begegnen. So erfährt die Tatsache Respekt, dass jede
Existenz ihr Geheimnis und ihre Unergründlichkeit hat. Dies
ist nicht nur *die* fundamentale ethische Frage, es ist eine zutiefst spirituelle Frage. Leider hat dies in den abrahamitischen
Weltreligionen und der in ihnen so durchdringend lebenden anthropozentrischen Sichtweise noch so gut wie keinen Niederschlag gefunden. Dabei wäre gerade die Vision von der einen

und im Lebensstrom alles miteinander verbindenden Erde der Ankerpunkt für die anstehende Vereinigung der Religionen und aller Menschen, die der Tiefe und der Transzendenz des Seins nachspüren und sich in dieser Suchbewegung beheimatet fühlen wollen.

Die Rolle der Spiritualität im Werdeprozess unserer Gattung ist außerordentlich und unersetzbar. Es ist die Rückbindung (religio) des Menschen an das ihn Übersteigende. Sie hält ihn im Bewusstsein der Gnade und der Haltung der Demut dem Leben gegenüber. Damit schützt sie zugleich den Raum des Unverfügbaren vor dem reinen Nützlichkeitsdenken neoliberaler Politik und Ökonomie.

Vielleicht bewahrt auch eine ganzheitliche und offene spirituelle Rückbindung den Menschen davor, die Vision von einer liebenden Weltverbesserung mit persönlichem Streben nach Herrschaft zu verbinden. Wer Macht und Herrschaft für sich selber sucht, um reine Ideale zu verwirklichen, der wird genau in der Eigendynamik dieses Strebens seine Ideale verraten. Die Geschichte lehrt uns, dass vor den Ansprüchen von Herrschaft die zarten Werte kapitulieren müssen. Denn Herrschaft ist eine Weise von Beziehung, die der Differenzierung und der Vielfalt und der Freiheit von Leben per se widerspricht. Ethos und Kommando werden nie ein liebendes Paar sein. Diese Mischung verhindert bereits eine Freundschaft, die bedingungslos ist und vom Entgegenkommen als Füreinander-da-Sein lebt. Ja, sie widerstrebt selbst einem Klima von Kooperation, da das Wesen von Herrschaft konfrontativ ist und sich gegen Freiheit, Pluralität und Selbstbestimmung richtet. Zudem äußert sie sich doch eher in Fanatismus und Kontrollwahn denn in liebender Hingabe.

Der Verbindung von Ethos und Macht kann demgegenüber all das, was Herrschaft versagt bleiben muss, gelingen. Die Voraussetzung dafür allerdings wäre, Macht eben nicht zu formalisieren und in Herrschaftsformen zu überführen, sondern sie als Überzeugungs- und Gestaltungskraft zu verstehen, deren Autorität sich aus der Liebe zur Gerechtigkeit und dem entsprechenden liebenden Durchsetzungsdrang in eben auch liebender Weise speist. Ein anderes Wort dafür wäre gelebte Solidarität, wäre eine Lebensform des Verbindenden in praktizierter hingebungsvoller Verbindlichkeit. Bloße Toleranz reicht dafür nicht hin. Denn sie kann schnell in die stillhaltende Akzeptanz eines ‚anything goes‘ münden, in ein Hinnehmen von nahezu allem aus purer Bequemlichkeit bzw. einem Desinteresse, das sich auch noch erhaben dünkt. (Vgl. Baumann 1994, S.320) Die „neue Welt" aber wird nicht auf dem Fundament von Gleich-Gültigkeit, Bequemlichkeit, Desinteresse oder einer lediglich erbauenden Betrachtungsweise des Visionären entstehen, sondern dadurch, dass wir sie schaffen. Die Vorzeichen sind trotz aller globalen Destruktivität durchaus auch hoffnungsvoll, wenn wir uns bspw. nur mit der Tatsache vertraut machen, welch gewaltiges unsichtbares geistiges Netzwerk an Aufbruchsenergie unseren Planeten umhüllt. Und permanent werden aus dieser Geistessphäre neue konkrete Projekte geboren, welche die Menschheit in eine bessere Zukunft führen wollen. So stieg allein die Zahl weltweiter zivilgesellschaftlicher Organisationen von 40 im Jahr 1945 über 44.000 im Jahr 1999 auf mehrere Millionen heute. (Vgl. Kretschmer 2011) Allein diese quantitative Steigerung spricht für eine grundlegend neue partizipative Qualität.

Aufbruchsenergie

Jenes Vertrauen, dass die Geschicke sich durch unser Zutun wandeln werden, müssen wir schon aufbringen, genau wie die nachhaltige Skepsis gegenüber allen Prophezeiungen, deren einzige Botschaft ist, dass Zukunft nur Abstieg und Destruktivität bereithält. Das Vertrauend-unterwegs-Sein schafft eine ganz eigene Identität des Menschen, in die es gilt, selbstbewusst und würdevoll hineinzuwachsen und dabei die lähmenden Routinen, die außer Gewohnheit nichts zu bieten haben, hinter sich zu lassen. Kommendes Neues will im einzelnen Menschen erkennbar und identifizierbar sein.

Über das Ethos bzw. die ethische Ausrichtung in dieser Aufrichtung des Menschen haben wir bereits gesprochen. Wie lässt sich das in einer verbindlichen Lebensorientierung zusammenfassen, die nicht nur alltägliche Orientierung und Erinnerung an den Aufbruch bietet, sondern in der jeder einzelne Aspekt auf die allem zugrundeliegende große Vision verweist?

Die alten Mönchsorden gaben sich eine Regel, die für jedes Mitglied verbindlich war und die in einem persönlichen Gelübde fundiert wurde. Armut, Keuschheit, Gehorsam - so lauteten und lauten die Gelübde. Ich möchte sie aufgreifen und in die Gegenwart transformieren, denn ihr Gehalt ist, jenseits der alten Sprache, von überzeitlicher Größe. Letztendlich transportieren sie nahezu alles, was ein Leben ausmacht, das sich einer lebenswerten Zukunft auf allen Ebenen verschrieben hat.

Armut, im mönchischen Leben als Besitzlosigkeit verstanden, ist heute, wo hunderte Millionen von Menschen ihre Existenz in Elend verbringen müssen, wahrhaft kein erstrebenswertes Ideal. Gemeint ist in der Tiefe des Begriffs aber auch etwas anderes, das ich Einfachheit nennen möchte. *Einfach* leben heißt einfach *leben*..., den Lebensimpulsen auf den verschiedenen Ebenen nachgehen, nicht den Verdinglichungen und der Warenästhetik. Wir können das verstehen als den Verzicht auf das, was es zu einem Leben in Würde nicht braucht. Diese Formulierung lässt die notwendige Freiheit, denn Würdehaftigkeit kann man nicht abstrakt und extern bestimmen, sondern immer nur konkret persönlich erspüren. Sie hängt ab von den Lebensumständen und auch von kulturellen Faktoren. Allerdings sollte durch diese Freiheit keine Beliebigkeit attestiert werden. Sie schließt bspw. die Anhäufung von Kapital um der Anhäufung willen, als Selbstzweck, der mit der notwendigen Zuwendungsintensität verbunden ist, genauso aus wie das, was ich habe, spekulativ dem Todeskreislauf des Großbankensystems anzuvertrauen. Überschüssige Finanzmittel können in Projekte, die dem Leben dienen, sinnvoll investiert werden. Gleichzeitig sieht sich Würde in Beziehung zu dem, was wir Vornehmheit nennen können. **Epikur von Samos** (341 - 271 v. Chr.) weist uns darauf hin, dass, wer sie in ihrer Beziehung zur Einfachheit oder Schlichtheit des Lebens nicht beachtet, „Ähnliches erleidet wie jener, der in die Grenzenlosigkeit des Genusses verfällt." Diese Einfachheit liegt auf einer Ebene mit der Tugend des angemessenen Maßes, von der Thomas von Aquin (Vgl. oben) spricht.

Einfachheit hat auch eine innere Seite - und damit ist die Weise des Blicks auf das Leben gemeint. Der frühere UNO-Generalsekretär **Dag Hammarskjöld** (1905-1961), ein Mensch, den wir wohl einen christlichen Mystiker nennen dürfen, hat dazu, kurz vor seinem gewaltsamen Tod, 1959 Folgendes in sein Tagebuch geschrieben:

„Einfachheit heißt, die Wirklichkeit nicht in Beziehung auf uns zu erleben, sondern in ihrer heiligen Unabhängigkeit. Einfachheit heißt, sehen, urteilen und handeln von dem Punkt her, in welchem wir in uns selber ruhen. Wie vieles fällt da weg! Und wie fällt alles andere in die rechte Lage! Im Zentrum unseres Wesens ruhend begegnen wir einer Welt, in der alles in gleicher Art in sich ruht. Dadurch wird der Baum zu einem Mysterium, die Wolke zu einer Offenbarung und der Mensch zu einem Kosmos, dessen Reichtum wir nur in Bruchteilen erfassen. Für den Einfachen ist das Leben einfach, aber es öffnet ein Buch, in welchem wir nie über die ersten Buchstaben hinauskommen."

HAMMARSKJÖLD 1965, S.93f.

Es wird wohl auch dieses gelegentlich unbefangene Staunen gewesen sein, das Jesus meinte, als er davon sprach, zu werden wie die Kinder.

Keuschheit wird im mönchischen Leben als sexuelle Enthaltsamkeit verstanden, um sich ganz dem Dienst an Gott hingeben zu können. Ich möchte Keuschheit übersetzen als Leben im Geist des Nichtverletzens. Es geht darum, anderem Leben nie in der Haltung willentlicher Überschreitung gegenüberzutreten, die letzte Unschuld, die jeder von uns hat, die jedes Leben hat, zu bewahren. Wir begegnen dem Leben in respektierender Liebe und im Geist der Bewahrung. Lebt ein Mensch in der wahren Liebe, dann kann er, wie bereits angesprochen, nichts falsch machen.

Heute, von einem umfassenden Lebensverständnis her kommend, kann Nichtverletzen sich allerdings nicht mehr alleine auf die Begegnung mit anderen Menschen beschränken, sondern sie bezieht die Pflanzen und Tiere mit ein. Und daraus ergibt sich in einer Todeskultur wie der unseren, in der jährlich allein in Deutschland etwa 60 Millionen Schweine unwürdig geschlachtet werden (Stand 2015, dpa), selbstverständlich eine *vegetarische Lebensweise*. Das ist nicht mehr nur eine ethische, eine politische und ökologische, sondern auch eine zutiefst spirituelle Frage.

Bleibt der *Gehorsam*, im mönchischen Leben auf Gott, auf sein offenbartes Wort, aber auch auf die religiösen Repräsentanten auf Erden bezogen. Ich möchte Gehorsam fassen als Gewissensorientierung. Denn unser Gewissen ist eine untrügliche Instanz, die allerdings der Pflege und der Achtsamkeit bedarf. Es ist ja auch die letzte Instanz, der letzte Prüfstein, bezogen auf das, was wir das Ethos nennen. Das Gewissen zu schärfen, führt heute, auf unserem Bewusstseinsniveau, in die Empathie mit dem Leben an sich und spürt den Resonanzen nach, die durch die Begegnung ausgelöst werden. Gewissensorientierung meint Hören und durch das Hören hindurch lernen, die Geister zu unterscheiden. Hören nun führt uns wieder zu dem, was wir oben bereits zur Kultur der Kontemplation, der inneren Achtsamkeit und der Stille angesprochen hatten. Das Gewissen, seine Schärfung und der innere kontemplative Raum bilden eine Einheit.

IV
Lebenspolitik

Das bis zu diesem Punkte Angesprochene bezog sich auf den Menschen als Bewusstseins- und Empfindungswesen und auf seine innere Haltung dem Leben gegenüber. Dies meint keine Individualisierung des Politischen. Aber es knüpft an dem schlichten Umstand an, dass die wahren Frontlinien im Zugriff auf Zukunft in uns selbst verlaufen. Hier muss die Bewusstseinsrevolte beginnen. Vom gewachsenen und überzeugten einzelnen Menschen ausgehend, nicht verordnet, kann sie schließlich auch in eine Bewusstseinspolitik münden, die das Politische insgesamt grundlegend verändert und transformiert. Denn das lässt sich wohl illusionslos feststellen, dass die herrschenden politischen Kulturen, unabhängig von der Staatsform, auf dieser Erde angesichts der Herausforderungen, vor denen wir stehen, recht erbärmlich versagt haben. In ihnen setzt sich auf organisierter Ebene mehrheitlich nichts weiter fort als der egoistische und dualistische Geist, der auch die sogenannten Individuen sich immer dann voneinander abgrenzen lässt, wenn die sogenannten eigenen Interessen berührt scheinen. Zugleich bildet sich immer dann ein breiter Konsens innerhalb von Kulturen und auch kulturübergreifend, wenn es um die Abwehr einer Politik geht, deren Orientierungen die eigenen Gewohnheiten und Bequemlichkeiten in Frage zu stellen drohen. So hat wirklich ökologische und lebensorientierte Politik kaum eine Chance für die notwendigen Interventionen und Neupositionierungen.

Dieses Selbstverständnis, im Letzten immer nur der Sachwalter kurzfristiger eigener Interessen zu sein, ohne Rücksicht auf die Bedürfnisse des Lebens an sich und der kommenden Lebensgenerationen, hat sich in den politischen Organisationen und Institutionen im Verbund mit einer Raubbau- und Raubtierökonomie auf dem gesamten Planeten zu einem System entwickelt und verfestigt, das wie eine todesorientierte Megamaschine funktioniert. (Vgl. Eurich 1988) Konsequent aber wird genau dieser Einsicht aus dem Weg gegangen, ja vor ihr steht, genau genommen, ein entsprechendes Denkverbot. Über grundlegende Alternativen hören wir auch in kritischen Medien eigentlich nichts, selbst wenn die schon heute absehbare und spürbare Explosion der Katastrophenkosten (vgl. Randers 2012) bereits den Alltag des Krisenmanagements bestimmt. Mit Kosten ist hier nicht nur das Pekuniäre zu betrachten, sondern sie schließen das Artensterben und die weltweiten Migrations- und Wanderungsbewegungen mit ein. Gleichzeitig können zukunftsorientierte Überlegungen und Handlungen dieses System natürlich nicht ignorieren, selbst wenn im Moment einiges dafür spricht, dass unser Zivilisationsmodell sich nicht wird halten können und kollabiert. Vieles erinnert an eine Lebensweise, die versucht auf einem rutschenden Abhang noch Heimat zu finden. Es gehört wenig Phantasie dazu, sich auszumalen, wie die Verteilungs- und Umverteilungskämpfe aussehen werden, wenn die Rohstoffe und der zu bewirtschaftende Boden wirklich knapp werden. Vieles spricht dann auch dafür, dass sich die Mächtigsten und die Gewalttätigsten durchsetzen werden und ihre Ordnungsvorstellungen der Menschheit diktieren. Dabei würde nicht weniger als die Menschlichkeit, die neben all dem Fortschritt über Jahrhunderte erstritten und erlitten wurde, in Frage stehen. Das wäre neben allem dadurch hervorgerufenen Leiden auch ein evolutionärer Rückfall unserer Gattung.

Zukunftsdiskurse haben demgegenüber die Aufgabe, aus den heute bestimmbaren Versagensgründen die notwendigen Schlussfolgerungen zu ziehen. Diese werden sehr grundsätzlich sein müssen, analog der Grundsätzlichkeit, mit der sich das Leben bedroht sieht. Der Berufung auf alte Gewissheiten und gewachsene Traditionen fehlt in jedem Falle die Legitimationsgrundlage, wenn es eben auch diese Gewissheiten und Traditionen waren, die das mitverursacht haben, womit wir uns in der Gegenwart konfrontiert sehen. Und auch der romantische Blick zurück oder auf sogenannte Naturvölker verbietet sich. Der Mensch hat schon immer, in jeder Kultur, bewusst und auch unbewusst, natur- und umweltzerstörerisch gelebt und gewirkt. Das sieht nur bei über acht Milliarden Menschen mit zum Teil grotesken Lebensansprüchen eben etwas anders aus als bei 906 Millionen im Jahr 1800, 1,6 Milliarden im Jahr 1900 oder auch noch den 2,5 Milliarden im Jahr 1950.

Sich zur Ordnung zu rufen wird nicht gehen, ohne auch über eine neue Ordnung nachzudenken. Für die Menschheit und das Leben insgesamt auf diesem Planeten ist das nicht nur eine gewaltige und wahrhaft außerordentliche Herausforderung, sondern auch eine wunderbare Chance. In ihr können wir näher an unsere Bestimmung heranwachsen, bewusstes und verantwortliches Leben zu sein, das leben will, inmitten von anderem Leben, das auch leben will. Man stelle sich vor, der quantitative und an Wirtschaftsdaten ausgerichtete Wachstumsbegriff der Gegenwart verschöbe sich hin zu einem Wachstum an Konvivialität und einer darauf bezogenen Lebensqualität.

Was heißen solche Überlegungen für die Staatsform und die Entscheidungsebenen, auf denen die Weichen für Zukunftshandeln gestellt werden? Seit Jahrzehnten wird diese Diskussion geführt, und sie flammt vor allem immer wieder dann auf, wenn neue Prognosen über die Folgen der Umweltzerstörung und den Klimawandel präsentiert werden. Erwähnenswerte Resultate sind jedoch nicht zu verzeichnen. Und diese Folgenlosigkeit betrifft nicht nur autoritäre oder totalitäre politische Systeme, wo nichts anderes zu erwarten ist, sondern auch die unterschiedlichsten Arten der existierenden Demokratien.

Kann Demokratie Zukunft?

Um eines vorab klarzustellen: Noch immer haben Demokratien auf nahezu allen Ebenen der Politik einen deutlichen Vergleichsvorteil gegenüber allen anderen Staatsformen. (Vgl. u.a. Höffe 2009) Dies gilt insbesondere für Fragen der Bildung, des Rechts, der Information und der Sozialstandards. Zugleich erweisen sie sich in ihrer gegenwärtigen Ausprägung als untauglich zur Bewältigung der anstehenden Fragen und Probleme. Die Gründe sind vielfältig.

An vorderster Stelle steht eine nur noch als irrational zu bezeichnende Fixierung auf die Gegenwart unter entsprechender Vernachlässigung von Zukunftspräferenzen. Im Denken und Handeln in Zeitfenstern von Legislaturperioden und einer damit direkt verbundenen politischen Primärorientierung am Machterhalt kommt dies hinsichtlich nahezu aller Grundsatz-

fragen offen zum Ausdruck. Entscheidungen, die die Wieder-
wahl oder die Stärkung des eigenen Lagers gefährden könnten, werden nicht gefällt, auch wenn gleichzeitig die politische
PR auf ihre an sich vorhandene Notwendigkeit hinweist. Man
möchte sich ja nicht nachsagen lassen, man habe das Problem
nicht erkannt.

Die Entscheidungswege mit den dafür vorgesehenen zeitli-
chen Abläufen sind angesichts der existentiellen Dringlichkeit
vieler Fragen schlichtweg zu langsam.

Zu viele und zu unterschiedliche Interessengruppen und
Interessenverbände, die man aus machtpolitischen Gründen
meint, nicht ignorieren zu können, sind immer mit im Spiel
und blockieren eine Veränderung des Status quo. Exemplarisch
seien nur Automobil-, Energie- und Verpackungsindustrien genannt, aber auch große Teile der Gewerkschaften, die mit dem
Arbeitsplatzargument und dem Hinweis auf Kaufkraftstärkung
der Menschen unzählige ökologisch notwendige Entscheidungen torpedieren. Nicht zuletzt in der Macht der ökonomischen
und finanzwirtschaftlichen Player zeigt sich auch die enge
Verflochtenheit der gegenwärtigen Demokratieform mit dem
Kapitalismus.

Die Orientierung und das Selbstverständnis der modernen
Demokratien sind noch immer nationalstaatlich. Die Probleme
höchster Relevanz können demgegenüber nur global verstanden,
analysiert und angegangen werden. Dazu reichen die nationalen
Möglichkeiten und Instrumentarien im Ansatz nicht mehr aus.
Das führt zu solch regelmäßig wiederkehrenden paradoxen Situationen, in denen nationalstaatliche Regelungen angekündigt
und bedingt vollzogen werden, denen gleichwohl trans- und
supranationale Verhandlungsergebnisse in zumeist nichtöffent-
lichen und der eigenen Bevölkerung nicht einsehbaren Arenen

zugrunde liegen, was als zutiefst undemokratisch bezeichnet werden muss. Leggewie und Welzer konstatieren treffend:

„Dieser Globalisierungsspagat versetzt die politischen Akteure in einen permanenten Zwiespalt zwischen ihren nationalen Referenzrahmen (vor allem bei Wahlen und in der Ansprache der Öffentlichkeiten) und globalen Aushandlungsprozessen, die kein demokratisches Mandat haben, oder allenfalls ein höchst indirektes. Das bedeutet: Klimapolitische Maßnahmen bleiben zwischen nationaler Ohnmacht und supranationalen Sachzwängen stecken." (Vgl. Leggewie/Welzer 2009, S.159)

Ähnliches ließe sich hinsichtlich der Migrationsproblematik, des Jonglierens der Finanzmärkte und des transnationalen Terrorismus feststellen, um nur noch drei bedeutende Politikfelder herauszugreifen. Langfristig scheint unter dem Vorzeichen wahrlich umfassender globaler Interdependenzprozesse und entsprechend minimierter staatlicher Verfügungsgewalt die Erosion der Nationalstaaten und der auf sie bezogenen Demokratiemodelle unausweichlich. „Staat" wird sich in ein neues Selbstverständnis hineinfinden müssen. Ob dafür die gegenwärtige Verfasstheit nationalstaatlicher Kurzfrist-Demokratie die angemessene Form darstellt, möchte ich bezweifeln. Ein Bestandsschutz verbietet sich auch grundsätzlich hinsichtlich von allem, das nicht nur an der Bewältigung existentieller Menschheits- und Lebensprobleme wiederholt scheitert, sondern in dessen Verantwortung systematisch Leben vernichtet und ausgebeutet und Zukunft ihrer Möglichkeiten beraubt wird. Der Verantwortungsethiker Hans Jonas merkte dazu in einem Interview mit dem „Spiegel" bereits 1992 an:

„Wo steht geschrieben, dass in der Demokratie jetzigen Stils die endgültige Lösung der Frage des guten Staates gefunden worden ist?" (20/1992, S.101)

Damit keine Missverständnisse aufkommen: Es geht an dieser Stelle nicht um das Abschaffen eines politischen Systems, sondern um dessen Weiterentwicklung hin zu einer Form, die den höchsten Ansprüchen des Lebens und des Miteinanderlebens besser gerecht wird. Zuvor jedoch käme ihm die Aufgabe zu, das Schlimmste konsequent zu verhindern und das Verhängnisvolle sich nicht ereignen zu lassen, solange noch eine Chance dazu besteht. Ratgeber könnte hier die von Hans Jonas proklamierte „Heuristik der Furcht" sein. Mit ihr wird grundsätzlich davon ausgegangen, zunächst das Desaströse als möglich einzukalkulieren, bevor irreversible Entscheidungen getroffen werden.

Im Zuge entsprechender Überlegungen steht immer wieder der Begriff „Ökodiktatur" im Raum. Gemeint ist damit eine zumeist nationalstaatlich gedachte Staatsform, die im Falle existentieller Bedrohungen eine Art Notstandsregierung mit einer kleinen Führungsgruppe verkörpert, die keinem Parlament und keiner Öffentlichkeit Rechenschaft schuldet und die notwendigen Maßnahmen einleitet und durchsetzt, im Zweifelsfall mit Gewalt. Demokratische Selbstverständnisse und Grundrechte wären vorübergehend außer Kraft gesetzt um der ökologischen Ziele willen. (Vgl. Pötter 2010)

Es liegt auf der Hand, dass ein solcher Weg mit vermutlich mehr Problemen als Problemlösungen verbunden wäre. Diktaturen folgen sich abschottenden Eigendynamiken. Die Verführungen um des Machterhalts willen könnten nicht kontrolliert werden. Die exekutiven Organe erhielten ein Eigenleben an der Mehrheit der Menschen vorbei. Vor allem aber hätten auch ökodiktatorische staatliche Systeme wenig Einfluss auf die global herrschenden Player an den Finanzmarktplätzen und in Silicon Valley, die sich jeweils schon lange nicht mehr für staatliche Gesetze und Regelungen interessieren.

Keine grundsätzliche Lösung ist stattdessen heute noch vorstellbar, ohne die Menschen dafür zu interessieren, ja, zu begeistern und mitzunehmen. Nur: Von wo soll dieser Prozess ausgehen, wer initiiert ihn, und das mit Autorität? Eine Weltregierung, die diesen Namen verdient, eine echte Global Governance, existiert jedenfalls nicht einmal in Ansätzen. Die UNO, der an sich diese Rolle zukäme und die an sich auch über das globale Gewaltmonopol verfügt, erweist sich als zunehmend handlungsunfähig. Sie hat sicher hervorragende Arbeit geleistet und ist doch auch immer wieder verheerend gescheitert. 1945, noch im Angesicht der Gräuel des Zweiten Weltkrieges, mit der Absicht gegründet, gewalthafte, kriegerische Auseinandersetzungen zu beenden, musste die Menschheit doch 270 Gewaltkonflikte seit diesem Datum bis 2015 erleben. Die UNO wird zudem heute von ihren eigenen Mitgliedern oft nicht mehr ernst genommen, was sich u.a. in den Ausständen an Beitragszahlungen durch viele Länder zeigt. Das reduziert die Handlungsfähigkeit, gerade auch in humanitären Fragen, dramatisch. (Vgl. Zumach 2015) Auch demonstrieren manche Staaten, wie vor allem die Vereinigten Staaten von Amerika bei ihren militärischen Interventionen gerne, dass sie eine Zustimmung der UNO zwar begrüßen, sie sich letztlich davon aber nicht in ihrem Handeln beeinflussen lassen. Wir müssen zudem einfach einsehen, dass die Vereinten Nationen von ihrem Grundanliegen her zwar das Heil der Menschen im Fokus haben, das unserer Mitwelt allerdings nicht.

Eine Herrschafts- bzw. Regierungsform, sei sie staatlich oder staatenübergreifend, die das Wohl des gesamten Planeten im Blick halten möchte, kann in Zukunft nicht mehr an Grundstandards vorbeisehen und vorbeihandeln, die sich an den Lebensrechten und Lebensbedürfnissen der unterschiedlichsten Lebensformen ausrichten. Wir müssen lernen, ihre Bewahrung als absoluten Imperativ zu sehen und sie bedingungslos zu respektieren. Hier geht es nicht mehr um klassische demokratische Entscheidungen, sondern um ein *nicht verhandelbares Muss*. Diese Zukunftsrechte der Erde haben denselben Stellenwert wie die Menschenrechte des einzelnen Bürgers auch. Und damit kann es keine Alternative geben zu einer ökologischen Wirtschaftsweise, in der klare Grenz- und Belastungswerte für den Verbrauch und die Verbrauchsweise von Erdgütern durchgesetzt werden. Spielräume haben wir nicht mehr. Sie sind bereits mehr als aufgebraucht.

Es sollte auch deutlich sein, dass auf der Basis der heutigen Anzahl an Menschen ein nachhaltiges Wirtschaften kaum vorstellbar ist. Zu einer ökologischen planetarischen Wirtschaftsweise wird damit immer auch eine bevölkerungspolitische Dimension gehören, die die langfristige quantitative Menschheitsentwicklung mit einbezieht. Horst Pötter, der einer solchen politischen Orientierung den Namen Ökokratie gegeben hat, weist berechtigt darauf hin, dass diese Herrschaftsform auch der Demokratie dient:

„Damit versucht die Ökokratie auch die Rettung der Demokratie. Denn die ungebremste ökologische Malaise zerstört das Vertrauen in die Handlungsfähigkeit des Systems und in die Wandlungsfähigkeit seiner Protagonisten. Ressourcenmangel, Hungeraufstände und Massenmigration als Folge ökologischer Zerstörung sind auch eine Bedrohung für unseren Wohlstand und damit für eine zivile Konfliktaustragung." (Pötter 2010, S.75)

Nun wird man in jedem Falle das Wohlstandsniveau, das wir und vergleichbare Gesellschaften haben, nicht auf die Zukunft hochrechnen dürfen und es auch nicht können. Denn es ist der Verbrauch, der tötet und Raubbau betreibt. Ihn spürbar herunterzufahren, scheint alternativlos. In den industriellen und schon längst nicht mehr nur den westlichen Warengesellschaften allein scheint der einzige Sinn des Seins in der Produktion, dem Verbrauch und dem Verzehr zu liegen. Der Irrsinn der Werbung für so endlos viele, Rohstoffe verzehrende Nonsensprodukte führt genau dies täglich schonungslos vor Augen. Der Mensch aber lebt nicht, um immer mehr in immer größerer Geschwindigkeit zu produzieren und daran seinen Wert zu bemessen. Dass er genau dies jedoch tut und es in seinem stärksten Mythos der Moderne, dem Wachstumsmythos, verankert, wird in seinen Untergang und den unzähliger weiterer Arten führen, finden keine unmissverständlichen Korrekturen statt. Es ist wahrlich an der Zeit, statt über materielle Wertschöpfung und Steigerung der nationalen Bruttoinlandsprodukte zu schwadronieren, über Steigerungsformen von Wohlergehen und gelingendem Leben für alle Lebensformen nachzudenken.

Das erste Argument, das solchen Überlegungen entgegengehalten wird, ist die damit verbundene Einschränkung der Freiheit. Die Industrie habe in einem freiheitlichen Rechtstaat das Recht, zu produzieren, was sie will, und der Markt regelt den Erfolg oder die Ablehnung der Produkte. Und der Bürgerkonsument hat eben das Recht, alles zu erwerben, was sein Herz –

oder besser: sein Bauch – begehrt. Nur hat dies mit wahrer Freiheit so gut wie nichts zu tun. Hans Jonas wies in dem bereits angesprochenen SPIEGEL-Interview darauf hin, dass Freiheit nur existieren kann, indem sie sich selber beschränkt.

„Eine unbegrenzte Freiheit des Individuums zerstört sich dadurch, dass sie mit den Freiheiten der vielen Individuen nicht vereinbar ist." (SPIEGEL 20/1992, S.101)

Freiheit erfordert Beschränkung, um sich selber zu bewahren. Sie lebt von der Spannung zwischen Möglichkeit und (Selbst) Beschränkung. Dem mögen manche noch zustimmen bzw. es zumindest nachvollziehen können. Was dabei allerdings fast immer übersehen wird, ist, dass es auch um die Freiheitsrechte des Lebens an sich, ja seine nackten Überlebensnotwendigkeiten, um überhaupt Freiheit haben zu können, geht. Und es geht um die Erhaltung der Freiheitsoptionen kommender Menschheitsgenerationen und des nach uns kommenden Lebens, das sich auch entfalten möchte. Bei der geistig geminderten, aber wohl deswegen umso erfolgreicheren, auf den Automobilverkehr bezogenen Parole „Freie Fahrt für freie Bürger" muss also die schlichte Frage danach erlaubt sein, was das mit Freiheit zu tun hat, wenn die Lebensgrundlagen der Kommenden zerstört werden, um die eigenen Triebe auszuleben. Wir sollten dafür einen anderen Begriff finden, denn der Wert der Freiheit ist zu hoch, um ihn damit zu entstellen. (Ein aktuelles, brillantes und transdisziplinäres Werk zu Begriff und Verständnis von Freiheit hat Otfried Höffe verfasst: „Kritik der Freiheit. Das Grundproblem der Moderne." München 2015)

Von dem globalen, auf Wachstum programmierten ökonomischen System nun wird man die notwendigen Konsequenzen nicht erwarten können, obwohl gerade dort die Ratio Entsprechendes dringend gebieten würde. Denn langfristig betrachtet entzieht das Ressourcen vernichtende Wirtschaften sich selbst die Existenzgrundlage. Solche Einsicht aber wird man von in Quartalszahlen denkenden Unternehmen leider nicht erwarten können. Selbstredend wären, ehrlich betrachtet, mit einem Umsteuern gravierende Einschnitte und Umdenkprozesse verbunden. Kaum etwas könnte so weiterlaufen wie bisher. Etliche Geschäftszweige müssten bedeutend zurückgefahren werden, manche würden auch auf der Strecke bleiben, wenn es ihnen nicht gelingt, sich zu nachhaltigen Produktlinien hin weiterzuentwickeln. Doch solche Änderungen einzuleiten, ist noch immer vernünftiger und erträglicher, als durch Katastrophen und Systemzusammenbrüche früher oder später dazu gezwungen zu werden.

Weltweit existieren mittlerweile zahllose Initiativen, die dieses Umsteuern auf der Erde zu ihrem Herzensanliegen gemacht haben. Es ist ein gewaltiger Graswurzelaufbruch, der von der Lern- und Empfindungsfähigkeit unserer Gattung erzählt. Manche dieser Initiativen sind international vernetzt, manche richten sich auf nationale Räume aus, andere wirken im Lokalen. Manche sind religiös/spirituell beheimatet und motiviert, andere politisch, und wiederum andere folgen nur ihrem inneren Leiden an dem Zustand und der unausweichlichen Einsicht, dass es so nicht weitergehen kann. Alle aber verbindet die Liebe zu dieser Erde und ihren Lebensformen.

Diese großartigen Aufbrüche allein werden die Maschinen der auf den Eisberg zufahrenden Titanic allerdings nicht drosseln und die eingeschlagene Richtung nicht ändern können. Global verbindliche Regelungen, um der Staaten und Bürger, Kulturen, zukünftiger Generationen und um der Lebensformen an sich willen, brauchen eine globale Macht. Nur sie kann neben den notwendigen Entscheidungen und ihrer konsequenten Durchsetzung auch den Weg dazu ebnen, gemeinschaftsbildende und dem Leben dienende Werte zu schaffen, sie zu verkörpern und in alle Kulturen hinein zu kommunizieren. Denn dies gilt es illusionslos zu konstatieren: Zu wahrhaft zukunftssichernden Verbindlichkeiten von allgemeiner Gültigkeit - ohne Ansehen von Staaten, Kulturen, Religionen, Institutionen, Organisationen und Personen - konnte sich die Weltgemeinschaft bis heute nicht durchringen. Dies schließt die Allgemeine Erklärung der Menschenrechte mit ein.

Diener der Erde - Ein neuer Erdrat

Das staatsbürgerliche Bewusstsein, in dem wir uns als Deutsche, als US-Amerikaner, als Argentinier, als Australier, als Nigerianer oder als Chinesen usw. befinden, spiegelt den Geist einer Identität, die sich durch Ein- und Abgrenzung finden will. Ein weltbürgerliches Bewusstsein, das seine Ausprägung in verschiedenen kulturellen und durchaus noch staatlichen Räumen erlangt, wäre der nächste notwendige, durchaus evolutionär zu nennende Schritt.

Weltbürgerschaft weiß sich den universellen Lebensrechten verpflichtet und leitet daraus eben auch bürgerliche Pflichten und Bewusstseinsorientierungen ab:

• Mehr Bescheidenheit in allen Lebensbereichen
• Der Verzicht auf Allwissen und jeglichen Dogmatismus

- Mehr Zweifel
- Mehr Akzeptanz des sogenannten Anderen
- Mehr Bereitschaft zum wahren und tiefen Dialog
- Mehr Kreativität und
- Mehr Revolte immer da, wo die Lebensrechte verletzt werden...

Das wäre ein Fundament, das zweifellos nicht von selbst und nicht von heute auf morgen entstehen wird. Es bedarf verbindlicher richtunggebender Impulse, Vorgaben und Bildungsmaßnahmen. Eine an dieser Stelle vorläufig „Erdrat" genannte, allen nationalen und bisherigen Weltorganisationen übergeordnete Institution sollte diesem Ziel verpflichtet sein und durch die ihm zugeordneten Exekutiven überall dort aktiv werden, wo Einzelstaaten nicht fähig oder nicht bereit sind, die fundamentalen Lebensrechte durchzusetzen. Bereits entsprechend wirkende Staaten jedoch dürfen dadurch in ihrer Handlungsfreiheit nicht eingeschränkt werden. Auch stehen die in Jahrhunderten erkämpften und vor allem in den europäischen Verfassungen verbrieften bürgerlichen Freiheitsrechte nicht zur Disposition, ja im Gegenteil: Die vorhandenen Werte und kulturellen Lebensformen (nicht aber die Konsumlebensformen!) gilt es zu bewahren, zu pflegen und weiterzuentwickeln. Immer ist dabei allerdings die Voraussetzung, dass die grundlegenden Lebensrechte gesichert sind. Wo dies nicht der Fall ist, müssen die notwendigen Beschränkungen akzeptiert und in fortwährenden demokratischen Diskursen in das Staats-, das Kultur- und das weltbürgerliche Bewusstsein integriert werden. Diese Diskurse, für die es neuer gesellschaftlicher Organisationsweisen bedarf, werden, stärker noch als die Parlamente, zur entscheidenden Plattform des Kultur- und Bewusstseinswandels. Gemäß der gewaltigen Herausforderungen hinsichtlich unserer alten Lebenswelt- und Wohlstandsorientierungen sind sie horizontal, vertikal und diagonal zugleich zu denken. Von der Kita angefangen bis zur Universität, von lokalen Behörden bis zu großen staatlichen Institutionen, von Stadtteilen bis zu Kontinentalversammlungen. Medien würden die Diskurse vermitteln und inhaltlich unterstützen. Das liefe ihrer Unabhängigkeit nicht zuwider, denn auch jede Unabhängigkeit findet ihre Grenzen und zugleich ihre neuen Möglichkeiten im Überlebens- und Entwicklungsimperativ des Planeten und der ihn bevölkernden Lebensformen. Erinnern wir uns in diesem Zusammenhang daran, dass alle Freiheitsrechte, die wir haben, letztlich doch dem Leben dienen und überhaupt erst aus dessen Sicherstellung und Ermöglichung zustande kommen.

Der Erdrat kann und soll nicht nationale Parlamente und Kontinentalrepräsentanten wie die EU ersetzen. Aber hinsichtlich der existentiellen Grundfragen und Grundprobleme auf dem Planeten kommt ihm die *uneingeschränkte Richtlinienkompetenz* ohne Interventionsmöglichkeiten zu - bei allen Gefahren, die aufgrund des bisherigen Verlaufs der Menschheitsgeschichte immer mitzubedenken sind.

Zuständigkeiten des Erdrates:
* Umweltschutz und ökologische Produktion
* Müllvermeidung
* Bewahrung der Lebensvielfalt und der Lebensräume und ihre Ausweitung. Festlegung neuer und größerer Naturschutzareale, zu denen Menschen nur begrenzt Zutritt haben und nur in Formen eines sanften und verkehrsfreien Tourismus

- Steuerung der Bevölkerungsentwicklung durch Information, Unterstützung der Staaten bei der notwendigen Geburtenkontrolle, positive Anreize für die Menschen zur Geburtenkontrolle
- Bekämpfung von Armut, Hunger und Seuchen, auch durch Umverteilung des Reichtums auf der Erde
- Steuerung und Kontrolle des globalen Finanzsystems
- Abschaffung der Zinswirtschaft sowie der Vermehrung des Geldes ohne Gegenleistung
- Waffenkontrolle und ausnahmslose Vernichtung von Massenvernichtungssystemen, insbesondere der Atomwaffen
- Einsetzung globaler Projekte in nachhaltiger und lebensdienlicher Forschung und Entwicklung, Aufbau zukunftsorientierter Thinktanks und Rekrutierung der besten Köpfe weltweit.

Ein solcher Erdrat führt alle existentiellen Probleme auf diesem Planeten auf die allerhöchste Ebene. Er kann nur legitimiert durch die Völkergemeinschaft zustande kommen und ähnlich dem Sicherheitsrat gedacht werden und diesen zugleich ablösen. Im Erdrat sind Blockaden durch ein Veto ausgeschlossen. Es gelten Mehrheitsentscheidungen, allerdings nach festgelegten und neu zu entwickelnden mehrstufigen Diskurs- und Dialogprozessen.

Das Gremium sollte diskurs- und handlungsfähig sein und deshalb eine Grenzgröße von etwa 20 Personen nicht überschreiten. In ihm sollten sich Repräsentanten der verschiedenen Kulturen und von Anteilen der kontinentalen Bevölkerungen wiederfinden. Pflanzen, Tiere, die Elemente und Kinder als die Anrechtsträger aus der Zukunft sind durch eigene Vertreter in diesem Oberhaus der Menschheit präsent. Sie werden durch bereits entsprechend weltweit wirkende gemeinnützige Organisationen vorgeschlagen. Alle Mitglieder haben gleiches Stimmrecht. Über die Zusammensetzung entscheidet die Vollversammlung der UNO.

Im Erdrat sind keine Interessenvertreter/Lobbyisten zugelassen. Sie können allerdings bei Bedarf gehört werden.

Der Erdrat tagt kontinuierlich, was nicht nur der Größe der Probleme geschuldet ist, sondern auch dem Aufbau einer Vertrautheitskultur mit den entsprechenden Kommunikations- und Umgangsweisen. Er stellt grundsätzlich Öffentlichkeit über seine Beratungen und Entscheidungen und deren Begründungen her und strebt eine weitestgehende Öffentlichkeit auch seiner Sitzungen selbst an. Was dem Erdenwohl dient, muss nicht vor der Menschheit verborgen und in undurchschaubaren Ausschüssen ausgehandelt werden. Zugleich könnte sich dadurch eine wichtige Vorbildfunktion auch für die nationalen Parlamente ergeben.

Der Erdrat verfügt über das übergeordnete uneingeschränkte Gewaltmonopol. Er rekrutiert flexibel einsetzbare schlagkräftige Einheiten mit einer eigenen Kommandostruktur, der auch die nationalen Armeen unterstehen.

Der Erdrat errichtet in jedem Staat der Erde eigene Repräsentanzen, die dem kontinuierlichen Informationsfluss in die jeweiligen Länder hinein dienen. Sie stellen zugleich sicher, dass die Bedürfnisse von Ländern und Kulturen gehört und erörtert werden.

Die Finanzierung geschieht durch Abgaben der Staaten oder Staatenorgansiationen wie der EU. Sie berechnet sich in der ersten Anlaufphase als Maßzahl aus Bevölkerungsgröße und Bruttoinlandsprodukt.

Partizipation und Lebensform

Die Kunst wird darin bestehen, solche Überlegungen aus dem Dunstkreis neuer Erlösungsreligionen und den damit verbundenen Unerbittlichkeiten herauszuhalten und sie kompatibel mit dem zu machen, was man Realpolitik nennt. Das meint vor allem auch, es in Kategorien der Realpolitik zu kommunizieren. Die Stärkung des notwendigen Wandels geschieht durch Überzeugung. Deliberation und unverzichtbares prioritäres Handeln greifen ineinander. Mehr wahrhafte und in den Wirkungen auch wirklich spürbare Partizipation der Menschen mit flachen Hierarchien und dem immer wieder neuen Versuch der Einbindung vieler ist dafür vonnöten. Die bereits angesprochene Zunahme von Initiativen und Netzwerken auf allen Ebenen, auch elektronischen Netzwerken, zeigt, dass eine entsprechende Sehnsucht und Aufbruchsenergie in und zwischen vielen Menschen lebt. Die klassischen demokratischen Institutionen werden dadurch nicht überflüssig, aber sie werden lernen müssen, sich zurückzunehmen, sich in Bescheidenheit zu üben und mehr Handlungsspielräume zu öffnen. Durch die stärkere Einbindung zivilgesellschaftlicher Erfahrungen in die politischen Entscheidungsprozesse erfahren sie zudem möglicherweise entscheidende, die Demokratie stärkende Revitalisierungs- und Weiterentwicklungsimpulse. Partizipation und Vernetzung leisten schließlich einen kostbaren kulturellen und politischen Beitrag dazu, die Chancen zu steigern, dass der Mensch sich, um in den Worten von Albert Camus zu sprechen, vom Solitaire zum Solidaire wandelt.

Partizipation und Vernetzung im Vorzeichen der Vision einer lebensgerechten und lebenswerten Erde meint in einem anderen Wort immer auch Revolte gegen die Unerträglichkeit der Gegenwart. Jede Vision, der das Politische nicht abgeht, hat die Kraft, in den Widerstand zu führen. Ohne Aufbegehren und Grenzüberschreitung lassen sich keine neuen Spielräume ausloten. In der kämpferischen, aber gewaltfreien Revolte erst nehmen wir auch die Gleichzeitigkeit und Gleichberechtigung unserer individuellen Freiheit und unserer Solidaritätsverpflichtung dem Leben gegenüber wahr. Der Baum des Lebens steht über den Gesetzen und Ordnungen lebensfeindlicher ökonomischer und politischer Systeme. Nur Gesetze, die das Leben bejahen und fördern und Gerechtigkeit an die Stelle von Privilegien und Machtzuteilungen setzen, verdienen ernsthafte Beachtung. Das Ja zum Leben stellt der Unterordnung unter Gesetze um ihrer selbst willen das Gebot gegenüber, sich vorrangig für das Leben auf dieser Erde einzusetzen. Dieser Vorrang gilt im Folgeschluss auch vor jeder Staatsform, gleich wie sich nennen mag.

Auf eine Zukunft grundlegender Durchbrüche hinzuarbeiten, bringt jede Menge Zumutungen mit sich: für jeden Menschen, jede Organisation, jedes Unternehmen, jeden Staat, jede Kultur und die Völkergemeinschaft an sich. Sie werden dadurch verstärkt, dass der Einsicht in Notwendigkeiten die gewaltige Macht materieller Trägheitskräfte in historisch einzigartigem Ausmaß entgegensteht. (Vgl. Bahro 1987, S. 300 ff.) Gefühle der Aussichtslosigkeit werden nicht ausbleiben, ja vielleicht erweisen sie sich an der einen oder anderen Stelle sogar als angemessen. Zumindest für längere Zeit wird es unser Auftrag sein, lernen zu müssen, in einer Welt zu leben, deren Zauber und Verlockungen drastisch reduziert sind. Wir werden uns wohl aber auch darauf verlassen können, dass sie nicht völlig kollabiert. Wobei, wenn wir von „Welt" sprechen, die Welt der Menschen gemeint ist. Der Planet an sich kommt mit allen Herausforderungen klar und hat dafür auch viele Millionen Jahre Zeit. Für uns aber bringt das Zusatzanforderungen mit sich. Die Brüche, das unvermeidbar immer wieder auftretende Chaos im Umbruch und der permanente Wandlungsdruck erfordern hohe Widerstandskräfte im Einzelnen und in der Gesellschaft. Wir sind gefordert, uns durchaus neue Fähigkeiten und Fertigkeiten anzueignen, zugleich auszuhalten und mit Problemen konstruktiv umzugehen. Hier liegt ein gewaltiger Bildungsauftrag für alle Bildungsebenen vor, verbunden mit einer entsprechenden Bewusstseinsarbeit. Denn die auf uns zukommenden Probleme werden weniger materieller als vielmehr psychischer und bewusstseinsbezogener Natur sein.

Die gesellschaftlich-kulturellen Brüche und Umbrüche sind nicht nur hinsichtlich einer ökologischen und lebensdienlichen Ausrichtung unseres Lebens mit steilen Anforderungen verbunden. Auch die Art und Weise unseres sozialen Lebens und Miteinanderseins stehen auf dem Prüfstand.

Die Erwartung, Individualismus, Egozentrismus und Anthropozentrismus schrittweise zu überwinden, verbindet sich mit dem Blick auf entsprechende gemeinschaftliche Lebensformen, die im sozialen Mikrokosmos ein Beispiel geben für das planetarische Zusammenleben an sich. Auch diesbezüglich gehen bereits starke Impulse aus zahlreichen kommunitären Projekten hervor, in denen exemplarisch und vorbildhaft an Laboren des Zukünftigen gebaut wird. (In Deutschland sei hier beispielhaft auf die Lebensgemeinschaft *Schloss Tempelhof* in Baden-Württemberg hingewiesen. WIR-Prozesse, nachhaltiges und solidarisches Wirtschaften, verantwortliches Handeln eines jeden Einzelnen im gemeinschaftlichen Einsatz für das Ganze, achtsamer Umgang miteinander sowie geistige/spirituelle, politische und theoretische Vielfalt prägen den Spirit des Projektes. www.schloss-tempelhof.de) Sie integrieren ökologische Lebensweise, Pflege des Bodens, achtsamen Umgang miteinander, Vielfalt und Toleranz, Übernahme von Verantwortung. Hier liegt zugleich jedoch noch ungemein viel experimenteller Entwicklungsraum vor der Menschheit, vor allem hinsichtlich der Frage, was solche Lebensformen für die urbane Existenz und die entsprechende Umgestaltung bzw. Weiterentwicklung der Metropolen und Mega-Cities bedeuten und wie sie sich dort zu einem Neuaufbau überschaubarer Heimaträume und einer Abkehr von der Megamaschine entwickeln können.

Neben seiner sozial-ökologisch-politischen Relevanz trägt der Aufbruch zu gemeinschaftlichen Lebens- und Seinsformen auch eine zutiefst spirituelle Bedeutung. (Vgl. Eurich 1993) Denn nur als Existenz in Gemeinschaft, in welcher Form auch immer, lassen sich Visionen, die das Schon-jetzt und das Noch-nicht zusammenführen, begründen und verstehen. Es geht eben um mehr als ein Leben nur für uns selbst. Aus Gemeinschaften, nicht aus Individuen wächst der Erdenraum zu einem lebendigen Gemeinwesen. Gemeinschaft schließlich ist die angemessene Lebensform, um die Kräfte freizusetzen, die wir benötigen, um im schlimmsten Leid zu trösten und zu heilen, Wärme und Geborgenheit zu schenken, um Zweifel anzumelden an der Übermacht der Zerstörung, um eine Ahnung vom Möglichen bereits in diesem Moment zu bekommen.

Alle angesprochenen Herausforderungen sind trotz aller Dringlichkeiten nicht durch Geschwindigkeit und Aktionismus zu bewältigen, sondern nur durch eine neue kulturelle Haltung

der Achtsamkeit und der Besinnung. Auch in dieser Mensch-
heitsstunde scheint es wichtig, sich an die Botschaft der alten
Schriften neu zu erinnern und damit zu beginnen, das ganze
Leben und alle Herausforderungen immer auch vom Sabbat,
von der Ruhe her und aus der Ruhe kommend, zu denken und
zu empfinden.

Erweiterung der Allgemeinen Erklärung der Menschenrechte

Am 10. Dezember 1948 verabschiedete die Generalversammlung der Vereinten Nationen als „Dokument 217 A (III)" die
„Allgemeine Erklärung der Menschenrechte". Sie fand an-
schließend ihren Niederschlag in vielen nationalen Verfassungen, u.a. dem Grundgesetz der Bundesrepublik Deutschland.

Seit 1946 hatte eine 18-köpfige Menschenrechtskommission
unter Vorsitz von Eleanor Roosevelt, der Witwe des früheren
amerikanischen Präsidenten Franklin D. Roosevelt, beraten
und eigentlich den Entwurf für einen rechtsverbindlichen
völkerrechtlichen Vertrag vorbereiten sollen. Der kam unter
dem wachsenden Druck des Ost-West-Konfliktes jedoch nicht
zustande, sodass man sich schließlich auf die unverbindliche
Erklärung einigte. Trotzdem ist dieses Dokument ein Quantensprung und strahlender Leuchtturm in der menschlichen
Entwicklung.

Wie der Name zum Ausdruck bringt, geht es um Rechte und
damit verbunden Pflichten des Menschen, immer in Bezug auf
sich selbst. Dies zieht sich auch durch alle elf Unterabkommen.
Die Erde, die Pflanzen, die Tiere kommen nicht vor. Leben und
Würde werden auf den Menschen beschränkt. Von der histori-

schen Entstehung her und dem historischen Bewusstsein nach dem Ende des Zweiten Weltkrieges ist dies verständlich, und es soll entsprechend kein Ausgangspunkt für Kritik oder gar Unverständnis sein.

Heute befinden wir uns jedoch an einem anderen Punkt. Wir wissen, dass Leben nicht teilbar und alles irdische Sein in einem erdumspannenden Netzwerk miteinander verbunden ist. Vor allem wird uns Menschen schmerzlich bewusst, dass die Verletzung der Würde von Boden, Pflanze, Tier und den Elementen auf uns selbst zurückfällt und die Wahrnehmung der Menschenrechte mindert. Und so ist es an der Zeit, auch um der Plattform für einen Erdrat willen, die Menschenrechtserklärung in eine „Allgemeine Erklärung der Lebensrechte" zu überführen. Dies hätte vor allem Folgen für die ersten drei Absätze der Präambel und für Artikel 29. In der aktuellen und gültigen Fassung lauten sie:

Allgemeine Erklärung der Menschenrechte

PRÄAMBEL

„Da die Anerkennung der angeborenen Würde und der gleichen und unveräußerlichen Rechte aller Mitglieder der Gemeinschaft der Menschen die Grundlage von Freiheit, Gerechtigkeit und Frieden in der Welt bildet,

da die Nichtanerkennung und Verachtung der Menschenrechte zu Akten der Barbarei geführt haben, die das Gewissen der Menschheit mit Empörung erfüllen, und da verkündet worden ist, dass einer Welt, in der die Menschen Rede- und Glaubensfreiheit und Freiheit von Furcht und Not genießen, das höchste Streben des Menschen gilt, da es notwendig ist, die Menschenrechte durch die Herrschaft des Rechtes zu schützen, damit der Mensch nicht gezwungen wird, als letztes Mittel zum Aufstand gegen Tyrannei und Unterdrückung zu greifen.

Artikel 29

(1) Jeder hat Pflichten gegenüber der Gemeinschaft, in der allein die freie und volle Entfaltung seiner Persönlichkeit möglich ist.

(2) Jeder ist bei der Ausübung seiner Rechte und Freiheiten nur den Beschränkungen unterworfen, die das Gesetz ausschließlich zu dem Zweck vorsieht, die Anerkennung und Achtung der Rechte und Freiheiten anderer zu sichern und den gerechten Anforderungen der Moral, der öffentlichen Ordnung und des allgemeinen Wohles in einer demokratischen Gesellschaft zu genügen.

(3) Diese Rechte und Freiheiten dürfen in keinem Fall im Widerspruch zu den Zielen und Grundsätzen der Vereinten Nationen ausgeübt werden."

In einer entsprechend angepassten und nur vorsichtig veränderten Form könnte der Text lauten:

Allgemeine Erklärung der Lebensrechte

PRÄAMBEL

„Da die Anerkennung der angeborenen Würde und der gleichen und unveräußerlichen Rechte aller Mitglieder der Gemeinschaft der Menschen **und des Lebensnet-**

zes auf dieser Erde insgesamt die Grundlage von Freiheit, Gerechtigkeit und Frieden in der Welt bildet,

da die Nichtanerkennung und Verachtung der Menschenrechte **und der Lebensrechte insgesamt** zu Akten der Barbarei geführt haben, die das Gewissen der Menschheit mit Empörung erfüllen, und da verkündet worden ist, dass einer Welt, in der die Menschen Rede– und Glaubensfreiheit und Freiheit von Furcht und Not genießen, das höchste Streben des Menschen gilt,

da es notwendig ist, die **Lebens**rechte durch die Herrschaft des Rechtes zu schützen, damit der Mensch nicht gezwungen wird, als letztes Mittel zum Aufstand gegen Tyrannei und Unterdrückung zu greifen.

Artikel 29

(1) Jeder hat Pflichten gegenüber der Gemeinschaft **und dem Netzwerk des Lebens, in denen** allein die freie und volle Entfaltung seiner Persönlichkeit möglich ist.

(2) Jeder ist bei der Ausübung seiner Rechte und Freiheiten nur den Beschränkungen unterworfen, die das Gesetz ausschließlich zu dem Zweck vorsieht, die Anerkennung und Achtung der Rechte und Freiheiten **anderen Lebens** zu sichern und den gerechten Anforderungen der Moral, der öffentlichen Ordnung und des allgemeinen Wohles in einer demokratischen Gesellschaft zu genügen.

(3) Diese Rechte und Freiheiten dürfen in keinem Fall im Widerspruch zu den Zielen und Grundsätzen der Vereinten Nationen ausgeübt werden."

In den insgesamt 30 Artikeln der Charta werden die einzelnen Rechte, die dem Menschen zukommen, sorgfältig durchdekliniert. Sollte eines Tages die Völkergemeinschaft dies auch dem anderen Leben auf diesem Planeten zubilligen, wäre die Charta entsprechend zu erweitern und in eine verbindliche Völkerrechtsform zu überführen. Philosophisch-ethische Überlegungen und Anregungen gibt es dazu reichlich.

Letzte Worte

Ein Text über die Vision planetarischer Aufbruchsenergie kann sich nicht mit jedem Für und Wider, Wenn und Aber beschäftigen und auseinandersetzen. Das ist die Aufgabe sich anschließender Diskurse und Infragestellungen. Denn bei aller Unmissverständlichkeit und Klarheit der Zielrichtung gilt noch immer: *eine* Vision und *viele* mögliche Wege. Es gibt tausend Pfade in eine lebenswerte Zukunft. Nach ihnen sollten wir Ausschau halten und uns nicht an dem Ziel selber, einer lebensdienlichen menschlichen Gattung, abarbeiten. Das steht, differierende Nuancen zu dem hier Angedachten immer mitbedacht, außerhalb der Diskussion. Letztlich, so scheint mir, hat dieser Text nichts anderes getan, als einer vergessenen bzw. verzockten Selbstverständlichkeit einen Ausdruck zu geben.

Dass die Chancen für ein solches Projekt der Menschheit angesichts der bereits vorliegenden Zerstörungen, vor allem aber der Beharrungs- und Feigheitskräfte, nicht ins Kraut schießen, liegt eingedenk der zurückliegenden und aktuellen Erfahrungen auf der Hand. Doch das nicht Ausgesprochene hat eben gar keine Chance!

Rupert Sheldrake hat in seinen zahlreichen und bahnbrechenden Werken auf das Gesetz morphischer Resonanz hingewiesen. (Vgl. Sheldrake 1994 und 1997) Im Fokus seines Ansatzes der formbildenden Kausalität steht der Gedanke, dass es auf allen Ebenen der Entwicklung so genannte morphische Felder gibt, die für die Organisation eines Organismus, von Wahrnehmungen und Verhaltensweisen, aber auch für die Organisation von Gesellschaften und Kulturen verantwortlich und maßgeblich sind. Selbstredend gilt dies auch für unsere Gattung an sich. Diese Felder lassen sich als Einflussgebiete in Raum und Zeit verstehen. Sie umgeben die Systeme, die sie organisieren. Durch Wiederholung wird das morphische Feld stärker.

„Das gleiche Muster wird wahrscheinlich wieder auftreten. Je häufiger Muster sich wiederholen, desto wahrscheinlicher werden sie – die Felder enthalten eine Art von kumulativem Gedächtnis und werden zunehmend gewohnheitsmäßig. Felder entwickeln sich in der Zeit und bilden die Basis von Gewohnheiten...Bei der morphischen Resonanz handelt es sich um den Einfluss von Gleichem auf Gleiches, von Handlungsmustern auf nachfolgende ähnliche Handlungsmuster, ein Einfluss, der sich durch Raum und Zeit fortpflanzt." (Sheldrake 1997, S.19)

Je mehr Gleiches von Gleichem wir als Wahrnehmungs- und Verhaltensweisen im Raum des Menschlichen haben, desto wahrscheinlicher wird, dass es sich wieder und wieder ereignet. Je mehr mit Gewalt auf Gewalt reagiert wird, desto sicherer ist, dass dem wieder Gewalt folgen wird. Friedrich Nietzsche schreibt:

„Wer mit Ungeheuern kämpft, mag zusehn, dass er dabei nicht zum Ungeheuer wird. Und wenn du lange in einen Abgrund blickst, blickt der Abgrund auch in dich hinein." (Nietzsche 1990. S.616)

Was für die Gewalt gilt, nehmen wir nun für die Heilung und die Liebe in Anspruch. Das dem Leben Dienende schafft den Hang dazu, dem Leben zu dienen. Metaphorisch gesprochen, sind es das erste gute Denken und die erste Handlung aus Liebe, die ein neues morphisches Feld aufbauen, zu dem alles weitere nun in Resonanz gehen kann. Es wachsen Wahrscheinlichkeitsenergien, die den Einflussraum des Heilenden stärken und damit zugleich den des Destruktiven mindern. Anders formuliert: Für den Realitäts- und Wahrscheinlichkeitsgehalt des Gewünschten sind wir selber verantwortlich. Nichts ist verheerender und dunkler als die sogenannte Einsicht in die sogenannte Aussichtslosigkeit.

Vielleicht spornen ja auch diese Überlegungen dazu an, die Sensibilität für die unsichtbaren geistigen Netzwerke zu schärfen, die den Planeten umspannen und deren Teil wir mit unseren Bewusstseinskräften sind. Mögen dem einen oder anderen dafür auch noch die Antennen fehlen, diese Netzwerke gestalten wir durch jeden Gedanken mit. Und schließlich sollten wir nie die Bündnisenergien geringschätzen oder gar ganz außer Acht lassen, die man in alter Sprache die „himmlischen" nennt. Es gibt keine größere Illusion als die, wir wären alleine und ohne Unterstützung unterwegs. Und es gibt keine größere Illusion auch als jene, es gäbe keine Wunder. Wunder wollen halt nur angestoßen werden…

Literaturverzeichnis

Abosch, Heinz: Das Ende der großen Visionen. Plädoyer für eine skeptische Kultur. Hamburg 1993

Bahro, Rudolf: Logik der Rettung. Wer kann die Apokalypse aufhalten? Ein Versuch über die Grundlagen ökologischer Politik. Stuttgart/ Wien 1987

Baumann, Zygmunt: Moderne und Ambivalenz. Das Ende der Eindeutigkeit. Frankfurt 1994

Baumer, Franz: Paradiese der Zukunft. Die Menschheitsträume vom besseren Leben. München/Wien 1967

Beck, Ulrich: Die Erfindung des Politischen. Zu einer Theorie reflexiver Modernisierung. Frankfurt a.M. 1993

Becker, Thomas A.: Kreativität – Letzte Hoffnung der blockierten Gesellschaft? Konstanz 2007

Benz, Ernst: Die Vision. Erfahrungsformen und Bilderwelt. Stuttgart 1969

Bergson, Henri: Denken und schöpferisches Werden. Meisenheim 1948

Beyers, Bert: Es geht. In: changeX vom 17.8.2012, www.changeX.de

Böhme, Wolfgang (Hrsg.): Träume, Visionen – Offenbarung. Über Gotteserfahrungen. Karlsruhe 1984

Camus, Albert: Der Fremde. Reinbek 1997/1948

Camus, Albert: Der Mythos von Sisyphos. Ein Versuch über das Absurde. Reinbek 1998/1956

Camus, Albert: Der Mensch in der Revolte. Essays. Reinbek 2001/1953

Claeys, Gregory: Ideale Welten. Die Geschichte der Utopie. Stuttgart 2011

Cohen, Stanley/ Laurie Taylor: Ausbruchsversuche. Identität und Widerstand in der modernen Lebenswelt. Frankfurt 1977

Crouch, Colin: Postdemokratie. Bonn 2008

Duchrow, Ulrich: Gieriges Geld. Auswege aus der Kapitalismusfalle - Befreiungstheologische Perspektiven. München 2013

Duchrow, Ulrich/Martin Glück: Kairos Europa. Wirtschaft(en) im Dienst des Lebens. Heidelberg 2014

Eurich, Claus: Aufruf zu einem neuen Orden. Gemeinsam für die Schöpfung. Gegen Ohnmacht und Resignation. Stuttgart 1993

Eurich, Claus: Die Megamaschine. Vom Sturm der Technik auf das Leben und Möglichkeiten des Widerstands. Frankfurt 1988

Eurich, Claus: Die heilende Kraft des Scheiterns. Ein Weg zu Wachstum, Aufbruch und Erneuerung. Petersberg 2014/2006

Eurich, Claus: Das Gute im Bösen. Petersberg 2010

Eurich, Claus: Über den eigenen Schatten springen. Vom Ego in die Liebe zum Leben. Petersberg 2015

Fukuyama, Francis: Das Ende der Geschichte. Wo stehen wir? München 1992

Gaßner, Robert: In: changeX vom 13.9.2012, www.changeX.de

Gebser, Jean: Einbruch der Zeit. Schaffhausen 1995

Giger, Andreas (Hrsg.): Eine Welt für alle. Visionen von globalem Bewußtsein. Rosenheim 1990

Grillparzer, Eberhard u.a. (Hrsg.): Kunst und Utopie. Hannover 1997

Hammarskjöld, Dag: Zeichen am Weg. München 1965

Höffe, Otfried: Ist die Demokratie zukunftsfähig? München 2009

Höffe, Otfried: Kritik der Freiheit. Das Grundproblem der Moderne. München 2015

Hölscher, Lucian: Die Entdeckung der Zukunft. Frankfurt a.M. 1999

Hüther, Gerald: Die Macht der inneren Bilder. Wie Visionen das Gehirn, den Menschen und die Welt verändern. Göttingen 2009/2004

Huxley, Aldous: Ape and Essence. New York 1948

Illich, Ivan: Tools for Conviviality. New York 1973

Jaspers, Karl: Die geistige Situation der Zeit. Berlin/New York 1979/1932

Jonas, Hans: Das Prinzip Verantwortung: Versuch einer Ethik für die technologische Zivilisation. Frankfurt a.M. 1979

Kairos Europa: Wirtschaft(en) im Dienst des Lebens. Von den Rändern her in Richtung globale Transformation! Heidelberg 2014

Kerényi, Karl: Ursinn und Sinnwandel des Utopischen. In: Eranos – Jahrbuch 1963: Vom Sinn der Utopie. Zürich 1964, S. 9 – 29

Leggewie, Claus/Harald Welzer: Das Ende der Welt, wie wir sie kannten. Klima, Zukunft und die Chancen der Demokratie. Frankfurt a.M. 2009

Kolakowski, Leszek: Die Gegenwärtigkeit des Mythos. München/Zürich 1973

Kolakowski, Leszek: Der revolutionäre Geist. Stuttgart u.a. 1977/2

Kretschmer, Winfried: Vision der Kooperation. In: changeX vom 9.9.2011, www.changeX.de

Löwith, Karl: Weltgeschichte und Heilsgeschehen. Die theologischen Voraussetzungen der Geschichtsphilosophie. Stuttgart u.a. 1953

Mannheim, Karl: Ideologie und Utopie. Frankfurt a.M. 1965/4

Manuel, Frank E. (Hrsg.): Wunschtraum und Experiment. Vom Nutzen und Nachteil utopischen Denkens. Freiburg 1970

Marcuse, Herbert: Phantasie und Utopie. In: Neusüss, a.a.O., S. 219-234

Micic, Pero: Wir Dopamin-Junkies. In: changeX vom 1.11.2012, www.changeX.de

Mies, Maria: Globalisierung von unten. Der Kampf gegen die Herrschaft der Konzerne. Hamburg 2002

Neusüss, Arnhelm (Hrsg.): Utopie. Begriff und Phänomen des Utopischen. Frankfurt/New York 1986/3

Nida-Rümelin, Julian/Klaus Kufeld (Hrsg.): Die Gegenwart der Utopie. Zeitkritik und Denkwende. Freiburg/München 2011

Niemann, Ulrich/Marion Wagner: Visionen. Werk Gottes oder Produkt des Menschen? Regensburg 2005

Nietzsche, Friedrich: Jenseits von Gut und Böse. In: Das Hauptwerk, III. München 1990, S. 1-363

Nietzsche, Friedrich: Also sprach Zarathustra. Ein Buch für alle und keinen. In: Das Hauptwerk, III. München 1990, S. 531-761

Paech, Niko: Klimawandel und Biosphärenkrise – Chancen für eine „Große Transformation" (2). In: Ulrich Schmitthenner/Peter Schönhöffer/Christof Grosse (Hrsg.): Die Zukunft, die wir meinen – Leben statt Zerstörung. Berlin 2015, S. 117-137

Pausch, Markus: Nur weil die Welt absurd ist, brauchen wir eine Demokratie. Politiktheoretische Anknüpfungspunkte im Werk von Albert Camus'. In: Leviathan, Heft 2/2014, S.249-266

Pieper, Josef: Vom Sinn der Tapferkeit. Leipzig 1934

Pötter, Bernhard: Ausweg Ökodiktatur? Wie unsere Demokratie an der Umweltkrise scheitert. München 2010

Polak, Frederik L.: Utopie und Kulturerneuerung. In: Manuel, a.a.O., S. 301-318

Polak, Frederik L.: Wandel und bleibende Aufgabe der Utopie. In. Neusüss, a.a.O., S. 361 - 386

Popper, Karl R./Konrad Lorenz: Die Zukunft ist offen. Das Altenberger Gespräch. München/Zürich 1985

Portmann, Adolf: Utopisches in der Lebensforschung. In: Eranos – Jahrbuch 1963: Vom Sinn der Utopie. Zürich 1964, S. 311 – 344

Randers, Jorgen: Eine globale Prognose für die nächsten 40 Jahre. Der neue Bericht an den Club of Rome. München 2012

Reese-Schäfer, Walter: Grenzgötter der Moral. Der neuere europäisch-amerikanische Diskurs zur politischen Ethik. Wiesbaden 2013

Ropers, Roland R.: Die uralte Menschheitsfrage: Woher und Wohin? Wilzhofen 2015 (Manuskript, 6 Seiten)

Ropers, Roland R.: Wissenschaft und Weisheit. Wilzhofen 2015 (Manuskript, 16 Seiten, Willigis Jäger zum 90. Geburtstag)

Ruyer, Raymond: Die utopische Methode. In: Neusüss, a.a.O., S. 339 – 360

Saage, Richard: Utopieforschung. Eine Bilanz. Darmstadt 1997

Saage, Richard: Zum analytischen Potenzial des klassischen Utopiebegriffs. In: Thomas Schölderle (Hrsg.): Idealstaat oder Gedankenexperiment? Zum Staatsverständnis in den klassischen Utopien. Baden Baden 2014, S. 305 – 315

Schmidt, K.O.: Das Thomas-Evangelium. Geheime Herren-Worte frühchristlicher Handschriften. Ergolding 1977/1991

Schnettler, Bernt: Zukunftsvisionen. Transzendenzerfahrung und Alltagswelt. Konstanz 2004

Schölderle, Thomas (Hrsg.): Idealstaat oder Gedankenexperiment? Zum Staatsverständnis in den klassischen Utopien. Baden-Baden 2014

Schweitzer, Albert: Aus meinem Leben und Denken. Hamburg 1980

Schulze, Gerhard: Die Beste aller Welten. Wohin bewegt sich die Gesellschaft im 21. Jahrhundert? München 2003

Senge, Peter u.a.: Die notwendige Revolution. Wie Individuen und Organisationen zusammenarbeiten, um eine nachhaltige Welt zu schaffen. Heidelberg 2011

Sheldrake, Rupert: Das Gedächtnis der Natur. München u.a. 1994

Sheldrake, Rupert: Einführung. In: Hans-Peter Dürr/Franz-Theo Gottwald (Hrsg.): Rupert Sheldrake in der Diskussion. Das Wagnis einer neuen Wissenschaft des Lebens. Bern/München/Wien 1997, S. 15-41

Shklar, Judith: Die politische Theorie der Utopie. In: Manuel, a.a.O., S. 139 – 155

Soeffner, Hans-Georg: Der geplante Mythos. Untersuchungen zur Struktur und Wirkungsbedingungen der Utopie. Hamburg 1974

Teilhard de Chardin, Pierre: Der göttliche Bereich. Ein Entwurf des inneren Lebens. Olten 1962

Tillich, Paul: Politische Bedeutung der Utopie im Leben der Völker. Berlin 1951

Tillich, Paul: Der Mut zum Sein. Hamburg 1968

Topitsch, Ernst: Erkenntnis und Illusion. Grundstrukturen unserer Weltauffassung. Tübingen 1988 (2. überarbeitete und erweiterte Auflage)

Vosskamp, Wilhelm u.a. (Hrsg.): Möglichkeitsdenken. Utopie und Dystopie in der Gegenwart. Paderborn 2013

Winter, Michael: Ende eines Traums. Blick zurück auf das utopische Zeitalter Europas- Stuttgart 1993

Zumach, Andreas: Globales Chaos, machtlose UNO. Ist die Weltorganisation überflüssig geworden? Zürich 2015

Für wertvolle Hinweise nach der Durchsicht des Manuskripts danke ich:

Anja Biedermann

Daniel Gehrmann

Beatrice Grimm

Laura Millmann

Gudrun Voggenreiter